너랑 나랑 한국어 4-A

NOSVOS

너랑 나랑 한국어 4-A

초판 인쇄 2017년 12월 15일
초판 발행 2017년 12월 20일

지 은 이 | 유소영 · 이연주 · 서민정 · 유선주 · 고유리
감　　수 | 한정한
펴 낸 이 | 장호성
기　　획 | 이재석
제　　작 | 정진형
편　　집 | 성두현
마 케 팅 | 박보혜
펴 낸 곳 | NOSVOS
삽　　화 | 최지우 · 신주영
디 자 인 | 방인구
등　　록 | 1968. 2. 27 : No. 제03-00095호
주　　소 | 경기도 용인시 수지구 죽전로 152번지
전　　화 | 031-8005-2404~5
팩　　스 | 031-8021-7154

값 18,000원 (CD포함)

ISBN 978-89-7092-585-1 03710
978-89-7092-514-1 (세트)

• 'NOSVOS'는 라틴어 'Nos(우리가)'와 'Vos(당신을)'의 합성어로
지혜로운 삶을 지향하는 분들에게 유익한 도서를 펴내겠다는 의지를 담고 있습니다.

저자의 말 *

최근 한국어 교육계에서는 어떻게 하면 교육 현장에서 교사와 학습자에게 모두 도움이 되는 교재를 개발할 수 있을까 하는 문제에 대해 많은 연구를 해 오고 있습니다. 이와 같은 흐름에 발맞추어 단국대학교 국제교육센터에서는 『너랑 나랑 한국어』를 발간하게 되었습니다. 이 책은 한국어 교육 현장의 한국어 교사들과 한국어를 공부하고자 하는 외국인 학습자를 대상으로 한 의사소통 중심 통합 교재입니다.

『너랑 나랑 한국어』는 말하기, 듣기, 읽기, 쓰기의 기능을 한 권에 담은 통합형 교재입니다.

이 책은 한글의 자모 제시 순서를 기존의 교재와 달리 교사가 학습자에게 발음하는 방법을 보여주기 쉬운 순서로 배치하여 제시하였으며, 한국어의 기초적인 어휘와 문법을 익히고 다양한 연습을 통해 자기소개하기, 물건사기 등의 의사소통 과제를 해결하는 능력을 기를 수 있도록 구성하였습니다.

또한, 어휘는 학습자들이 각각의 어휘가 속한 품사와 의미 그룹을 이해할 수 있도록 제시하고, 3권에 이어 추상적인 의미가 많아지므로 어휘의 의미는 영어로 제시하였습니다. 문법은 형태 연습과 회화 연습을 함께 제시하여 한국어의 문법 항목들을 적절히 사용할 수 있도록 충분한 연습과 활용을 제공하였습니다. 또한 의사소통 과제를 해결하는 다양한 말하기, 듣기, 읽기, 쓰기 활동을 제공하여 학습자들이 생생한 한국어로 자신의 생각을 표현할 수 있도록 구성하였습니다.

이 책은 2권, 3권에 이어 STUDY(활용)로 구성되어 있습니다. 각 과는 설명하기, 분석하기, 토론하기, 설득하기 등의 의사소통 과제별로 구성하여 말하기, 듣기, 읽기, 쓰기를 통합적으로 익힐 수 있도록 제시하였습니다.

이 작업은 5명의 필진이 지난 10여 년의 한국어 교육 현장 경험을 바탕으로 학습자가 차근차근 쉽게 이해하고 습득해 갈 수 있는 교재를 만들고자 하는 마음에서 출발하였습니다. 이 책의 편찬 기간은 2012년 5월부터 2017년 11월까지 총 66개월이 소요되었습니다. 집필을 기획하는데 6개월이 걸렸고 교재를 구성하는 틀을 짜는 데에 6개월, 초고 집필에 12개월이 걸렸습니다. 이를 다시 검토하고 수정하는 데에 42개월이 걸렸습니다. 기획과 감수는 국어국문학과의 한정한 교수가 맡아 주셨고, 각 권은 책임 필자를 두어 1권 유소영, 2권 고유리, 3권 유선주, 4권 이연주, 서민정이 책임 집필하였습니다.

끝으로 이 원고가 세상에 빛을 볼 수 있도록 이끌어 주신 단국대학교 장호성 총장님, 김병량 부총장님, 심재우 국제처장님을 비롯한 국제처의 모든 식구들께 감사드립니다. 또한, NOSVOS 편집실 성두현 선생님 등 편집진과 예쁜 삽화를 그려준 최지우, 신주영 그리고 지댄피 디자인팀 여러분께도 감사드립니다. 마지막으로 바쁜 시간을 쪼개어 꼼꼼히 읽어 준 국제교육센터 한국어 선생님들과 긴 시간 기꺼이 아내와 엄마와 딸을 허락해 주신 필진의 가족들 모두 사랑합니다.

2017년 초겨울에

유소영, 이연주, 서민정, 유선주, 고유리

교재 사용법

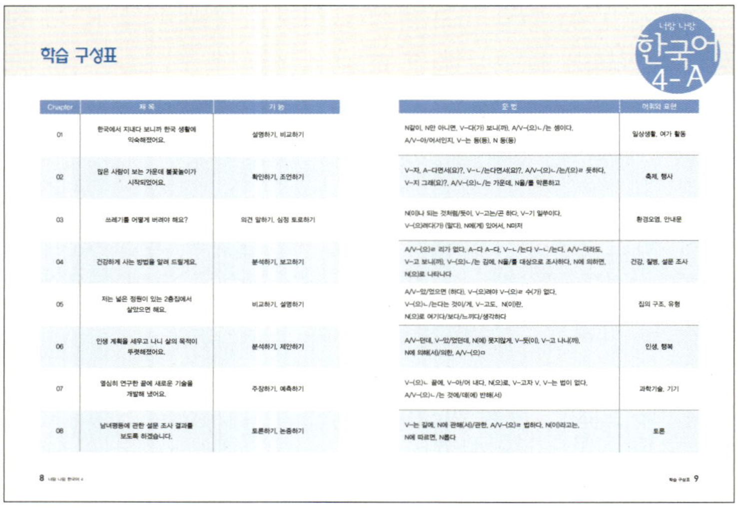

1. 학습 구성표

각 과의 기능과 문법, 어휘와 표현을 하나의 표로 제공하여 학습자들이 이 책에서 배우는 내용을 한 눈에 파악할 수 있도록 배려했습니다.

2. 들어가기

각 과의 학습목표와 어휘, 문법 항목들을 제시하였습니다. 그리고 각 과의 도입은 해당 주제와 관련된 질문을 통해 배경지식을 활성화 할 수 있도록 구성하였습니다.

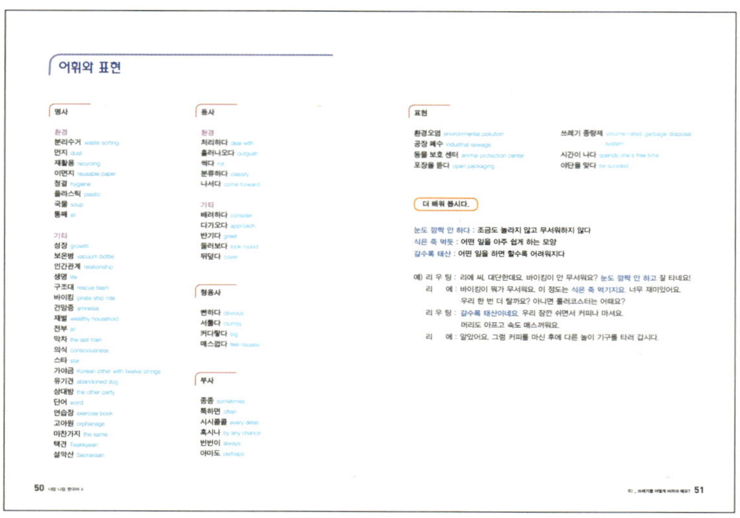

3. 어휘와 표현

각 과에 나오는 어휘를 품사별로 분류한 후 의미별로 묶어 제시하였습니다. 「너랑나랑 한국어 1」에서는 그림과 함께 제하하였는데 추상적인 의미가 많아지는 2권부터는 단어의 의미를 영어로 제시하였습니다.

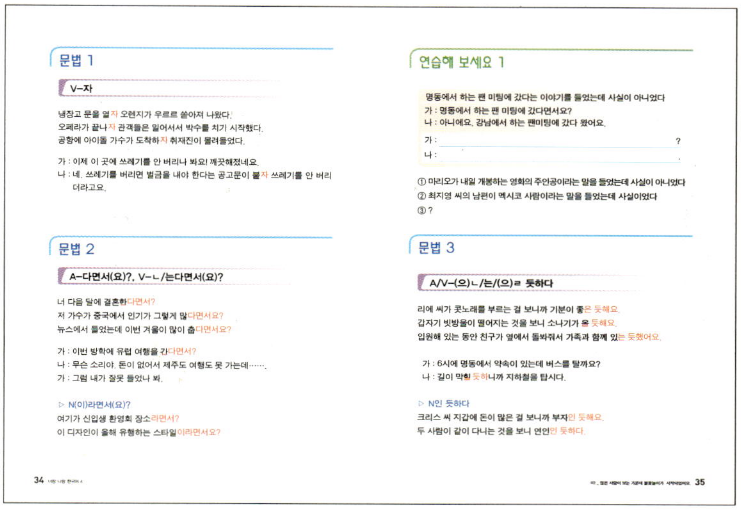

4. 문법

각 과에서 배워야 할 문법을 예문을 통해 의미를 제시하고 형태 연습과 회화 연습을 함께 제시하였습니다. 이는 한국어의 문법 항목들이 가지는 의미와 상황을 제시하여 연습하게 하고 적절히 사용할 수 있도록 충분한 연습과 활용을 제공하기 위한 것입니다.

5. 말하기

각 과에서 학습한 어휘와 문법 항목들을 활용하여 의사소통 과제를 해결하는 다양한 활동을 제공하였습니다. 이를 통해 학습자들은 좀 더 생생한 한국어 말하기 능력을 키울 수 있을 것입니다.

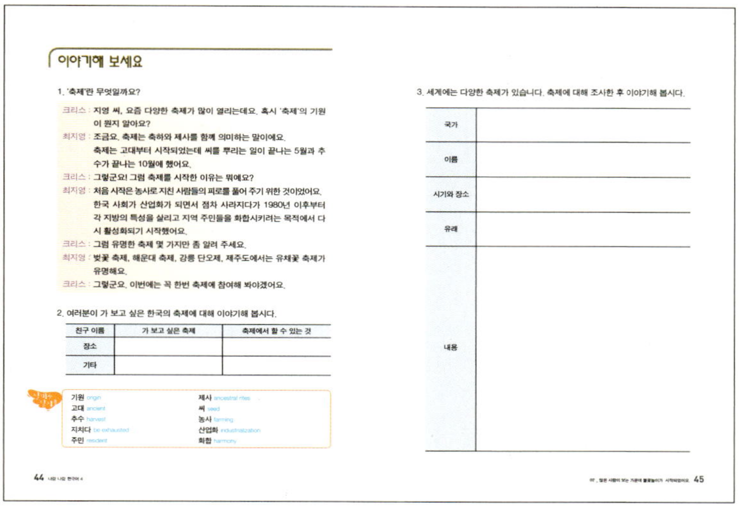

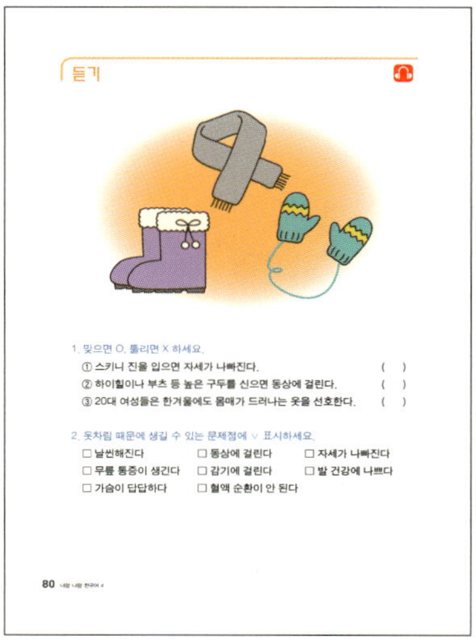

6. 듣기 / 읽기 / 쓰기

듣기와 읽기는 각 과에서 배운 내용을 머릿속에 정리하고 확인하는 역할을 합니다. 쓰기는 말하기, 듣기, 읽기 등의 활동을 통해 습득된 내용을 바탕으로 학습자 자신의 이야기를 문장으로 표현하는 연습을 할 수 있습니다.

등장 인물

스테파니

리에

애니

최지영

크리스

마리오

리우팅

토린

목 차

학습 구성표

Chapter	제 목	기 능
01	한국에서 지내다 보니까 한국 생활에 익숙해졌어요.	설명하기, 비교하기
02	많은 사람이 보는 가운데 불꽃놀이가 시작되었어요.	확인하기, 조언하기
03	쓰레기를 어떻게 버려야 해요?	의견 말하기, 심정 토로하기
04	건강하게 사는 방법을 알려 드릴게요.	분석하기, 보고하기
05	저는 넓은 정원이 있는 2층집에서 살았으면 해요.	비교하기, 설명하기
06	인생 계획을 세우고 나니 삶의 목적이 뚜렷해졌어요.	분석하기, 제안하기
07	열심히 연구한 끝에 새로운 기술을 개발해 냈어요.	주장하기, 예측하기
08	남녀평등에 관한 설문 조사 결과를 보도록 하겠습니다.	토론하기, 논증하기

너랑 나랑
한국어 4-A

문 법	어휘와 표현
N같이, N만 아니면, V-다(가) 보니(까), A/V-(으)ㄴ/는 셈이다, A/V-아/어서인지, V-는 등(등), N 등(등)	일상생활, 여가 활동
V-자, A-다면서(요)?, V-ㄴ/는다면서(요)?, A/V-(으)ㄴ/는/(으)ㄹ 듯하다, V-지 그래(요)?, A/V-(으)ㄴ/는 가운데, N을/를 막론하고	축제, 행사
N(이)나 되는 것처럼/듯이, V-고는/곤 하다, V-기 일쑤이다, V-(으)려다(가) (말다), N에(게) 있어서, N마저	환경오염, 안내문
A/V-(으)ㄹ 리가 없다, A-다 A-다, V-ㄴ/는다 V-ㄴ/는다, A/V-더라도, V-고 보니(까), V-(으)ㄴ/는 김에, N을/를 대상으로 조사하다, N에 의하면, N(으)로 나타나다	건강, 질병, 설문 조사
A/V-았/었으면 (하다), V-(으)려야 V-(으)ㄹ 수(가) 없다, V-(으)ㄴ/는다는 것이/게, V-고도, N(이)란, N(으)로 여기다/보다/느끼다/생각하다	집의 구조, 유형
A/V-던데, V-았/었던데, N(에) 못지않게, V-듯(이), V-고 나니(까), N에 의해(서)/의한, A/V-(으)ㅁ	인생, 행복
V-(으)ㄴ 끝에, V-아/어 내다, N(으)로, V-고자 V, V-는 법이 없다, A/V-(으)ㄴ/는 것에/데(에) 반해(서)	과학기술, 기기
V-는 길에, N에 관해(서)/관한, A/V-(으)ㄹ 법하다, N(이)라고는, N에 따르면, N롭다	토론

일러두기*

STUDY에서는 한국어의 일상적인 어휘와 문법을 익히고 다양한 연습을 통해 설명하기, 분석하기 등의 의사소통 과제를 해결하는 능력을 기를 수 있도록 구성하였습니다. 문법에서 기호 N은 명사, A는 형용사, V는 동사를 가리킵니다.

너랑 나랑 한국어 4-A

STUDY

memo*

01

한국에서 지내다 보니까 한국 생활에 익숙해졌어요.

- 학습목표 : 한국 생활에 대해 이야기할 수 있다.
- 기　　능 : 설명하기, 비교하기
- 문　　법 : N같이, N만 아니면, V-다(가) 보니(까), A/V-(으)ㄴ/는 셈이다, A/V-아/어서인지, V-는 등(등), N 등(등)

여러분의 한국 생활을 이야기해 보세요.

여러분은 주말이나 방학에 보통 무엇을 하며 보내요?
한국에 살면서 아직도 익숙해지지 않은 것이 있나요?
한국과 고향의 공통점과 차이점은 무엇인가요?

어휘와 표현

명사

여가 생활
에버랜드 Everland
롤러코스터 roller coaster
여수 Yeosu

학교생활
대학가 university town
열정 passion
효율적 efficient
사본 copy

기타
콧노래 humming
변화 change
사고방식 one's way of thinking
군고구마 a rosted sweet potato
영부인 first lady
우려 concem
수제화 handmade shoes
굽 heel
공통점 common feature
차이점 difference
유럽 Europe
출장 business trip
외출 go out
외투 overcoat
줄넘기 jump rope
식당가 food street
결과적 being as a result
형식 form
방식 way
일상생활 everyday life

동사

이사
방문하다 visit
적응하다 adjust
활용하다 utilize
배치되다 arrange

기타
채팅하다 to chat
반하다 fall in love
답하다 answer
뜯다 unwrap

형용사

자세하다 detailed

부사

스스로 oneself
우당탕 thump

표현

일상생활

별일 없다 nothing much

시간을 보내다 spend time

기타

뱃멀미를 하다 seasick

외국계 회사 a foreign-affiliated firm

한 해 one year

한숨 자다 sleep

남부 지방 southern province

아이돌 an idol

패션디자인 fashion design

1인용 a single

더 배워 봅시다.

마음을 먹다 : 어떤 일을 하기로 결심하다

마음이 맞다 : 서로 생각이 비슷하다

천 리 길도 한 걸음부터 : 모든 일은 시작이 중요하다

예) 스테파니 : 토린 씨, 어떻게 한국에서 대학원에 갈 생각을 했어요?

토　　린 : 한국에 여행을 왔다가 아름다운 경치와 친절한 사람들이 마음에 들어서 한국으로 유학을 오게 되었어요. 그런데 공부를 하면 할수록 한국 문화에 대해서 알고 싶더라고요. 그래서 대학원에 가기로 **마음을 먹었어요.**

스테파니 : 토린 씨, 정말 대단하네요! **'천 리 길도 한 걸음부터'**라는데 차근차근 준비해서 좋은 결과가 있기를 바라요.

토　　린 : 고마워요. 대학원에 입학하면 **마음이 맞는** 사람을 만나고 싶어요. 마음이 맞는 사람도 만나고 내가 하고 싶은 공부도 하게 되면 정말 즐거운 한국 생활을 할 수 있을 것 같아요.

문법 1

N같이

우리 아버지는 호랑이같이 무서워요.
손이 얼음같이 차가워요.
한국에서 에버랜드같이 놀이 기구가 많은 장소가 또 있을까요?

가 : 가족사진이에요?
나 : 네. 부모님과 동생이에요.
가 : 동생이 아주 예쁘게 생겼네요!
나 : 어릴 때는 인형같이 생겼다는 말도 많이 들었어요.

문법 2

N만 아니면

저는 뱃멀미를 하니까 배만 아니면 다 탈 수 있어요.
공포영화만 아니면 다른 영화는 다 좋아해요.
수영만 아니면 다른 운동은 모두 잘할 수 있어!

가 : 뭐 마실래요?
나 : 커피만 아니면 다 좋아요. 벌써 3잔이나 마셨거든요.

연습해 보세요 1

김치찌개는 매워서 못 먹는다
가 : 어떤 음식을 먹고 싶어요?
나 : 김치찌개같이 매운 음식만 아니면 다 먹을 수 있어요.

가 : ____?
나 : ____.

① 롤러코스터는 무서워서 못 탄다
② 크리스 씨는 무뚝뚝해서 안 만난다
③ ?

문법 3

V-다(가) 보니(까)

책을 읽다가 보니까 너무 재미있어서 밤새도록 읽었어요.
처음에는 친구였는데 자주 만나다 보니까 연인이 되었어요.
아침 운동을 하다 보니 건강해지고 기분도 좋아졌어요.

가 : 리우팅 씨는 학교에 뭐 타고 다녀요?
나 : 그냥 걸어 다니는데요.
가 : 집에서 학교까지 걸어 다니면 힘들지 않아요?
나 : 매일 걷다 보니까 익숙해져서 괜찮아요.

연습해 보세요 2

K-POP을 자주 들어서 한국 가수를 좋아한다

가 : 한국 가수를 좋아하나 봐요?
나 : 네. K-POP을 자주 듣다 보니까 한국 가수도 좋아하게 되었어요.

가 : ______________________________ ?
나 : ______________________________ .

① 외국계 회사에 다녀서 유럽 출장이 많다
② 부모님의 옷 가게에서 일을 도와서 패션디자인에 관심이 많다
③ ?

문법 4

A/V-(으)ㄴ/는 셈이다

지금이 12월이니까 한 해가 다 지나간 셈입니다.
백화점에서 세일하는 청바지를 2만 원에 샀으니까 마트보다 싸게 산 셈이다.
일주일에 5번은 김밥을 먹으니까 거의 매일 김밥을 먹는 셈이에요.

가 : 어제 저녁에 치킨을 너무 많이 먹었어요.
나 : 얼마나 많이 먹었는데요?
가 : 10조각 중 8조각을 먹었으니까 한 마리를 다 먹은 셈이에요.

▷ N인 셈이다

휴대폰으로 메일도 보내고 채팅도 할 수 있으니 휴대폰이 컴퓨터인 셈이에요.

친구들은 힘든 일이 생길 때마다 항상 나를 도와주니까 나의 가족인 셈이다.

연습해 보세요 3

외투만 입으면 외출 준비는 끝이다

가 : 외출 준비를 다 했어요?

나 : 외투만 입으면 되니까 다 한 셈이에요.

가 : ____________________ ?

나 : ____________________ .

① 컵만 씻으면 설거지는 끝이다

② 통장 사본만 내면 서류 제출은 끝이다

③ ?

문법 5

A/V-아/어서인지

비가 와서인지 하루 종일 기분이 별로였다.
기분이 좋아서인지 저절로 콧노래가 나왔어요.
시험이 끝나서인지 도서관에 학생들이 별로 없어요.

가 : 무슨 일 있어요? 피곤해 보이는데요.
나 : 어제 옆방 사람이 밤새도록 떠드는 바람에 한숨도 못 잤어요.
그래서인지 너무 피곤해요.
가 : 그럼 지금이라도 집에 가서 좀 쉬도록 하세요.

▷ N이어서/여서인지

수제화여서인지 굽이 높아도 정말 편하군요!
연예인이어서인지 얼굴도 예쁘고 날씬하네요!

연습해 보세요 4

세일 기간에는 백화점에 사람이 평소보다 많다
가 : 백화점에 사람이 많네요!
나 : 세일 기간이어서인지 사람들이 평소보다 많은 것 같아요.

가 : .... !
나 : ....

① 겨울에는 군고구마가 많이 팔린다
② 줄넘기를 많이 하는 아이는 키가 크다
③ ?

문법 6

V-는 등(등), N 등(등)

대통령과 영부인은 미국, 중국, 독일 등등 여러 나라를 방문 중이다.
주말에는 등산을 하고 영화를 보는 등 부모님과 함께 시간을 보낸다.
체육대회에서는 이어달리기, 줄다리기, 기마전 등 협동이 필요한 종목이 많다.

가 : 지난 방학에 뭐 했어요?
나 : 경주, 부산, 여수 등 남부 지방을 여행했는데 한국에 이렇게 아름다운 곳이 많은 줄 몰랐어요.

날개를 달자!!

체육대회 an athletics meeting	이어달리기 relay
줄다리기 tug-of-war	기마전 mock cavalry battle
협동 cooperation	종목 event

연습해 보세요 5

N같이	N만 아니면	V-다(가) 보니(까)
A/V-(으)ㄴ/는 셈이다	A/V-아/어서인지	V-는 등(등), N 등(등)

아들 : 여보세요? 엄마?

엄마 : 잘 지내고 있어? 한국 생활은 어떠니?

아들 : 한국 생활이 (처음이다) ________ 조금 힘들지만 적응하고 있어요. 집에는 별일 없어요?

엄마 : 별일 없지. 음식은 입에 맞니? 친구는 많이 생겼어?

아들 : (김치찌개) ________ (매운 음식) ________ 다 잘 먹어요. 같은 방을 쓰는 친구도 어떤 친구일까 처음에는 걱정했는데 (지내다) ________ 형처럼 저를 잘 챙겨 줘요. (친구, 선생님) ________ 새로 만난 사람들도 친절하고요. 벌써 한국 친구도 다섯 명이나 생겼으니까 친구도 많이 (사귀다) ________. 엄마는 어떠세요?

엄마 : 엄마도 너와 떨어져 지내는 게 처음이라서 허전하더니 이제 조금 괜찮아 졌어.

아들 : 아버지도 잘 지내시지요?

엄마 : 그럼. 아버지도…(우당탕!!)
여보! 하루도 조용한 날이 없네! 아들! 다음에 다시 통화하자.

아들 : 알겠어요. 주말에 다시 전화 드릴게요.

본문

- 여러분은 고향에서 주말에 무엇을 하면서 시간을 보냈습니까?

리　에 : 마리오 씨, 주말에 뭘 했어요?

마리오 : 홍대 앞에 다녀왔어요. 친구가 홍대같이 신나는 곳도 없다고 해서요. 리에 씨도 가 봤어요?

리　에 : 그럼요. 독특하고 재미있는 물건을 파는 가게가 많잖아요.
일주일에 두세 번은 쇼핑을 하거나 친구를 만나러 그곳에 가니까 자주 가는 셈이에요.

마리오 : 그렇군요! 제가 갔을 때는 거리에서 춤을 추는 사람도 있었고 노래를 부르는 사람, 기타를 치는 사람들도 있었어요. 춤추는 것을 보고, 노래도 듣고, 기타 연주도 듣다 보니까 평소에는 느낄 수 없었던 한국 사람들의 열정이 느껴졌어요.

리　에 : 즐거웠겠네요! 시험만 아니면 저도 같이 갈 수 있었을 텐데…….
다음에는 꼭 같이 가요. 제가 좋아하는 클럽을 소개해 줄게요.

마리오 : 클럽이요? 리에 씨, 춤추는 것을 좋아해요?

리　에 : 아니요. 별로 좋아하지 않아요. 하지만 모든 클럽에서 춤만 추는 것은 아니에요. 재즈나 락, 밴드 음악 등등 다양한 음악을 들을 수 있는 클럽도 있거든요.

마리오 : 그래요? 리에 씨의 이야기를 들어서인지 빨리 가고 싶은데요. 언제 갈까요?

리　에 : 하하하. 그럼 이번 주말은 어때요?

마리오 : 좋아요. 이번 주말에 같이 갑시다. 정말 기대되는군요!

날개를 달자!!

클럽 club	재즈 jazz
밴드 band	

1. 리에 씨가 홍대 앞을 좋아하는 이유는 무엇입니까?

2. 홍대 앞에 있는 클럽에서는 무엇을 할 수 있습니까?

3. 여러분은 이번 주말에 어디에 가고 싶습니까? 그곳에서 무엇을 할 수 있습니까?

듣기

1. 맞으면 O, 틀리면 X 하세요.

① 스테파니 씨는 방학에 고향에 돌아갈 것이다. (　　)

② 한강 공원에서는 7월과 8월에 다양한 행사를 한다. (　　)

③ 행사 기간 동안 캠핑장에서 필요한 물건을 5만원에 빌릴 수 있다. (　　)

2. 마지막에 이어질 내용은 무엇입니까?

① 한강 공원 주소　　② 한강 공원 홈페이지 주소

③ 자세한 프로그램 설명　　④ 프로그램 참여 방법

3. 다음 표의 빈 칸을 채우세요.

행사 장소	
행사 기간	
행사 내용	

4. 여러분 나라에는 시민을 위한 어떤 행사가 있습니까?

날개를 달자!!

시민 citizen　　비보이 공연 B-boy dancing
침낭 sleeping bag　　윈드서핑 windsurfing
제트스키 jet-ski　　수상 스포츠 water sports

이야기해 보세요

1. 여러분은 어떻게 한국을 알게 되었습니까?

리우팅 : 리에 씨는 어떻게 한국을 알게 되었어요?

리 에 : 우연히 DK그룹의 공연을 보게 되었는데 노래도 잘하고 춤도 잘 춰서 반했어요. 그래서 한국에 관심을 가지게 되었어요.

리우팅 : 한국에 와서 지내보니 어때요?

리 에 : 한국에 와서 살다 보니까…….

2. 한국에 오기 전과 한국에 온 후의 생각이나 느낌은 어떻게 다릅니까?

한국에 오기 전		한국에 온 후
- K-POP이 정말 좋다. - 한국 사람들은 매운 음식을 잘 먹을 것이다.	▶	- 아이돌뿐만 아니라 유명한 가수도 많다. - 한국 사람들이 모두 매운 음식을 잘 먹는 것은 아니다. ....

3. 한국에 오기 전과 후 달라진 여러분의 생각을 글로 써 보세요.

나는 DK그룹같이 멋진 한국의 아이돌 가수를 좋아해서 한국에 관심을 가지게 되었다. 그런데 한국에 와서 지내다 보니까 한국에는 아이돌뿐만 아니라 유명한 가수들도 많았다.

한국에 오기 전에 ....

....

....

읽기

- 여러분은 어떤 하루를 보내고 있습니까?

젊은이들의 새로운 삶의 방식, '나홀로족'

젊은이들을 중심으로 '나홀로족'이 늘고 있다. '나홀로족'은 친구가 없어서 혼자 지내는 것이 아니고 혼자 지내는 것이 좋아서 식사나 쇼핑, 여가 활동 등 일상생활을 혼자서 해결하는 사람을 일컫는 말이다. 요즘 20대 젊은 사람들 중에서 75% 정도가 자신을 '혼술, 혼밥'을 즐기는 '나홀로족'이라고 했다. 그들이 개인적인 생활을 하는 이유는 첫째, 시간을 효율적으로 활용할 수 있어서, 둘째, 혼자 다니는 것이 익숙하고 편해서, 셋째, 주변 사람들과 같이 다니면서 시간과 비용 문제로 스트레스를 받기 싫어서, 마지막 이유는 마음에 드는 사람을 만나기 어렵기 때문이라고 답했다. 특히 취업을 앞둔 대학생들은 친구들과 함께 듣는 강의 시간만 아니면 혼자 학원에 가거나 아르바이트를 하면서 시간을 보낸다. 결과적으로 하루의 대부분을 혼자 지내는 셈이다. 이렇게 '나홀로족'이 많아져서인지 대학가 근처에 있는 식당가에도 혼자 식사하는 사람을 위한 바(BAR) 형식의 좌석이나 1인용 식탁이 배치된 곳이 늘어나고 있는 추세이다.

전문가들은 '나홀로족'이 늘어나는 이유가 한국의 빠른 변화 때문이라고 말한다. 1970~80년대 한국의 젊은이들은 모든 일을 함께 해결하고 정보를 공유했지만 한국 사회가 경쟁 사회로 변하다 보니 지금의 젊은이들은 스스로 빠르게 문제를 해결하는 것이 편리하다는 사고방식을 갖게 되었다. 이렇게 혼자서 문제를 해결하다 보니 다른 사람들과 사회적 관계를 제대로 맺지 못하는 젊은이들이 늘고 있다는 우려의 목소리가 높다.

1. 글의 내용과 같으면 O, 틀리면 X 하세요.

① 주변 사람과 같이 다니면 시간과 비용을 줄일 수 있다. (　　)

② 한국 사회가 경쟁 사회로 변하면서 '나홀로족'이 늘어났다. (　　)

③ 대학가에는 1인용 식탁이나 좌석이 많아졌다. (　　)

2. '나홀로족'은 무엇입니까?

3. '나홀로족'이 많아지는 이유는 무엇입니까?

4. 여러분은 '나홀로족'에 대해 어떻게 생각합니까?

날개를 달자!!

젊은이 young person	중심 center
나홀로족 home-aloners	여가 free time
일컫다 call	혼술 drinking alone
혼밥 eating alone	개인적 personal
취업 get a job	앞두다 have something ahead
바 bar	추세 trend
경쟁 사회 competitive society	사회적 social
관계를 맺다 from a connection	

쓰기

1. 문제가 생겼을 때 어떻게 해결하는 것이 좋을까요?

- 혼자 문제를 해결하는 것

장 점

단 점

- 다른 사람과 함께 문제를 해결하는 것

장 점

단 점

2. 여러분은 문제가 생겼을 때 어떻게 합니까?

memo*

02

많은 사람이 보는 가운데 불꽃놀이가 시작되었어요.

- 학습목표 : 축제에 관한 자신의 생각을 이야기할 수 있다.
- 기　　능 : 확인하기, 조언하기
- 문　　법 : V-자, A-다면서(요)?, V-ㄴ/는다면서(요)?, A/V-(으)ㄴ/는/(으)ㄹ 듯하다, V-지 그래(요)?, A/V-(으)ㄴ/는 가운데, N을/를 막론하고

축제에 대해서 이야기해 봅시다.

한국에는 어떤 축제가 있을까요?
여러분의 나라에는 어떤 축제가 있나요?
사람들은 왜 축제를 하게 됐을까요?

어휘와 표현

명사

행사
취재진 reporters
오페라 opera
참가자 participant
폭죽 firecracker
지위 status
고하 rank
남녀노소 men and women of all ages
동서고금 all ages and countries
연설 speech
외국인 foreigner
추첨 lottery

기타
빗방울 raindrop
하이힐 high heels
벌금 penalty
공고문 notification
국적 nationality
소나기 shower
전체 whole
경기도 Gyeonggi-do province
국민 citizens
순간 moment

동사

행사
응원하다 support
환호하다 jubilate
벗어나다 get out
흥분되다 be excited
기획하다 plan
진행되다 progress
경청하다 listen

기타
하락하다 depreciate
활성화되다 activate
개봉하다 release
미끄러지다 slip

형용사

수많다 a lot of

부사

드디어 finally
우르르 come stampeding out of
점차 step by step
한껏 feeling cool
내내 all the time
금방 soon

표현

유채꽃 축제 rape flower festival
벚꽃 축제 cherry blossom festival
강릉 단오제 Gangneung Danoje festival

신입생 환영회 fresher welcome party
월드컵 경기장 world cup stadium
레드 카펫 the red carpet
사정이 있다 have some consequences
특성을 살리다 make the most of something's characteristics
컬이 풀리다 go out of curl
멋을 내다 dress up

더 배워 봅시다.

귀에 못이 박히다 : 듣기 싫을 정도로 같은 말을 여러 번 듣는다
꿩 먹고 알 먹기 : 한 가지 일을 해서 두 가지 이상의 이익을 얻는다

예) 애　　니 : 마리오 씨, 이번 주말에 1시까지 우리 집에 와야 해요. 늦으면 안 돼요.
마 리 오 : 알겠어요. 벌써 10번도 넘게 들은 것 같아요. **귀에 못이 박히겠어요**. 그런데 불꽃놀이는 밤 8시에 시작하는데 낮부터 가서 뭘 하려고요?
애　　니 : 일찍 가야 좋은 자리에서 볼 수 있어요. 그리고 불꽃놀이는 8시지만 5시부터 제가 좋아하는 가수들의 공연을 볼 수 있거든요. 공연도 보고 불꽃놀이도 보고 **꿩 먹고 알 먹기**예요.
마 리 오 : 알겠어요. 이번 주말에 늦잠을 자기는 틀렸네요!

문법 1

V-자

냉장고 문을 열자 오렌지가 우르르 쏟아져 나왔다.
오페라가 끝나자 관객들은 일어서서 박수를 치기 시작했다.
공항에 아이돌 가수가 도착하자 취재진이 몰려들었다.

가 : 이제 이 곳에 쓰레기를 안 버리나 봐요! 깨끗해졌네요.
나 : 네. 쓰레기를 버리면 벌금을 내야 한다는 공고문이 붙자 쓰레기를 안 버리더라고요.

문법 2

A-다면서(요)?, V-ㄴ/는다면서(요)?

너 다음 달에 결혼한다면서?
저 가수가 중국에서 인기가 그렇게 많다면서요?
뉴스에서 들었는데 이번 겨울이 많이 춥다면서요?

가 : 이번 방학에 유럽 여행을 간다면서?
나 : 무슨 소리야. 돈이 없어서 제주도 여행도 못 가는데…….
가 : 그럼 내가 잘못 들었나 봐.

▷ N(이)라면서(요)?
여기가 신입생 환영회 장소라면서?
이 디자인이 올해 유행하는 스타일이라면서요?

연습해 보세요 1

명동에서 하는 팬 미팅에 갔다는 이야기를 들었는데 사실이 아니었다
가 : 명동에서 하는 팬 미팅에 갔다면서요?
나 : 아니에요. 강남에서 하는 팬미팅에 갔다 왔어요.

가 : ______________________________?
나 : ______________________________.

① 마리오가 내일 개봉하는 영화의 주인공이라는 말을 들었는데 사실이 아니었다
② 최지영 씨의 남편이 멕시코 사람이라는 말을 들었는데 사실이었다
③ ?

문법 3

A/V-(으)ㄴ/는/(으)ㄹ 듯하다

리에 씨가 콧노래를 부르는 걸 보니까 기분이 좋은 듯해요.
갑자기 빗방울이 떨어지는 것을 보니 소나기가 올 듯해요.
입원해 있는 동안 친구가 옆에서 돌봐줘서 가족과 함께 있는 듯했어요.

가 : 6시에 명동에서 약속이 있는데 버스를 탈까요?
나 : 길이 막힐 듯하니까 지하철을 탑시다.

▷ N인 듯하다
크리스 씨 지갑에 돈이 많은 걸 보니까 부자인 듯해요.
두 사람이 같이 다니는 것을 보니 연인인 듯하다.

문법 4

V-지 그래(요)?

많이 아픈 것 같은데 병원에 가지 그래요?
아무리 서둘러도 오늘은 다 끝낼 수 없으니까 천천히 하지 그래요?
지금 안 먹으면 이따가 배가 고플 텐데 뭘 좀 먹지 그래?

가 : 리에 씨가 왜 안 오지?
나 : 한 시간이 지나도 안 오는 걸 보면 오늘은 못 만날 것 같은데 다음에 만나지 그래?

연습해 보세요 2

예매를 안 하고 콘서트장에 가면 표를 살 수 없다
가 : 콘서트장에 갈까 해요.
나 : 예매를 안 해서 표가 없을 듯한데 다음 공연 때 가지 그래요?

가 : ______________________________ .
나 : ______________________________ ?

① 파마하고 나서 샤워를 하면 컬이 풀린다
② 눈이 오는 날 하이힐을 신으면 미끄러진다
③ ?

문법 5

A/V-(으)ㄴ/는 가운데

체육대회는 비가 오는 가운데 예정대로 진행되었다.
많은 사람들이 환호하는 가운데 올림픽 개막식이 시작되었다.
마리오 씨는 몸이 피곤한 가운데 친구의 이사를 도와주다가 감기에 걸리고 말았다.

가 : 저는 사정이 있어서 못 갔는데 졸업 전시회가 재미있었다면서요?
나 : 네. 많은 학생이 모인 가운데 깜짝 공연과 선물 추첨 같은 다양한 행사를 했어요.

연습해 보세요 3

축제의 시작을 알리자 수많은 사람이 박수를 쳤다
가 : 축제가 시작됐습니까?
나 : 수많은 사람이 박수를 치는 가운데 축제가 시작됐습니다.

가 : ______________________________ ?
나 : ______________________________ .

① 대통령이 연설을 시작하자 국민들이 경청했다
② 면접시험이 시작되자 지원자들이 긴장했다
③ ?

문법 6

N을/를 막론하고

세계 불꽃 축제는 남녀노소를 막론하고 모두가 즐길 수 있는 축제입니다.
법은 지위의 고하를 막론하고 누구나 지켜야 합니다.
동서고금을 막론하고 여자라면 누구나 아름다워지고 싶어합니다.

가 : 월드컵이 시작됐는데 경기장의 분위기는 어떻습니까?
나 : 경기장에 있는 세계 각국의 사람들은 국적을 막론하고 선수들을 응원하고 있습니다.

연습해 보세요 4

인생에서 가장 중요한 것은 태도이다
가 : 인생에서 가장 중요한 것이 뭐라고 생각하십니까?
나 : 남녀노소를 막론하고 열심히 노력하는 태도라고 생각합니다.

가 : ____________________ ?
나 : ____________________ .

① 삶에서 가장 소중한 것은 친구이다
② 사회에서 반드시 지켜야 할 것은 규칙이다
③ ?

연습해 보세요 5

V-자	A-다면서(요)?, V-ㄴ/는다면서(요)?	
A/V-(으)ㄴ/는/-(으)ㄹ 듯하다	V-지 그래(요)?	A/V-(으)ㄴ/는 가운데
N을/를 막론하고		

나는 지난주에 친구들과 함께 여주 도자기 축제에 다녀왔다. 친구들은 축제에 가기 전부터 도자기 축제에 가면 한국의 유명한 도예가들이 도자기를 만드는 모습을 직접 볼 수 있다며 많은 기대를 했다. 축제장에 (도착하다) ____________ 많은 사람이 도자기 만드는 모습을 볼 수 있었다. 나와 친구들은 체험관에서 도자기 체험을 했다. 전통 방식 그대로 도자기를 만드는 과정을 경험해 보니 (과거로 돌아가다) ____________.

도자기를 다 만든 후에 가마에서 도자기가 나오는 광경을 보았다. 완성된 도자기가 나오는 순간 (남녀노소) ____________ 모두 숨을 죽였다.

모두가 (지켜보다) ____________ 드디어 모습을 드러낸 도자기들은 보석같이 아름다웠다.

날개를 달자!!

여주 도자기 축제 Yeoju Ceramic Festival
체험관 experience center
그대로 intactly
광경 scene
보석 jewels
도예가 potter
과정 process
가마 kiln
드러내다 reveal

본문

- 여러분은 한국의 어떤 축제를 알고 있습니까?

스테파니 : 크리스 씨, 부산 국제 영화제 개막식에 다녀왔다면서요?

크 리 스 : 소문이 진짜 빠르네요! 개막식이 평일이어서 어제 수업 마치고 다녀온 건데…….

스테파니 : 그랬군요! 개막식 분위기가 어땠어요?

크 리 스 : 어제 KTX를 타고 부산에 도착하니까 5시쯤이었어요. 영화제 때문인지 부산역에서 행사장까지 가는 동안 외국인도 많고 곳곳에서 터지는 폭죽과 카메라의 플래시 때문에 부산 전체가 개막식장인 듯했어요. 얼마나 흥분되었는지 몰라요.

스테파니 : 유명한 배우들도 많았지요?

크 리 스 : 물론이지요. 개막식장에 도착하자 영화제를 찾은 관객들이 환호하는 가운데 레드 카펫 행사가 막 시작되고 있었어요. 예쁜 드레스로 한껏 멋을 낸 여배우들의 모습은 정말 아름다웠어요.

스테파니 : 크리스 씨, 영화를 보러 간 게 아니라 배우들을 보러 갔군요!

크 리 스 : 아니에요. 제가 얼마나 영화를 좋아하는데요. 영화제 개막식에 가면 좋은 영화도 보고 멋진 배우들도 볼 수 있으니 ㉠꿩 먹고 알 먹기지요.

스테파니 : 좋았겠네요. 저도 가 보고 싶어요.

크 리 스 : 다음 주 주말까지 영화제가 계속되니까 스테파니 씨도 한번 다녀오지 그래요? 동서고금을 막론하고 세계 각국의 작품성 있는 영화들을 볼 수 있어요.

1. 크리스 씨가 부산에 다녀온 이유는 무엇입니까?

2. 영화제가 열린 부산과 개막식장의 분위기는 어땠습니까?

3. ㉠의 이유는 무엇입니까?

4. 여러분도 영화제에 참여해 본 적이 있습니까? 어떤 영화제에 참여해 보고 싶습니까?

날개를 달자!!

부산 국제 영화제 PIFF(Pusan international film festival)
곳곳 here and there
터지다 burst
플래시 flashlight
작품성 work value

듣기

1. 맞으면 O, 틀리면 X 하세요.

① 세계 불꽃 축제는 올해 10주년이다. ( )

② 국제 재즈 페스티벌은 금, 토 이틀간 열린다. ( )

③ 축제 동안 여의도 주변은 자동차가 다닐 수 없다. ( )

2. 이번 주말에 열리는 축제에는 무엇이 있습니까? 다음 표의 빈칸을 채우세요.

이름	재즈 페스티벌	
장소		여의도 한강 공원
내용		
기타	정해진 관람석이 없다	

3. 여러분은 한국에서 참가해 본 축제가 있어요? 어땠어요?

날개를 달자!!

가평 GAPYEONG
펼치다 unfold
한강대교 Hangangdaegyo (bridge)
통제되다 regulate
관람석 an auditorium
자라섬 JARASUM
수놓다 embroider
일부 section
유의하다 pay attention

이야기해 보세요

1. '축제'란 무엇일까요?

크리스 : 지영 씨, 요즘 다양한 축제가 많이 열리는데요. 혹시 '축제'의 기원이 뭔지 알아요?

최지영 : 조금요. 축제는 축하와 제사를 함께 의미하는 말이에요.
축제는 고대부터 시작되었는데 씨를 뿌리는 일이 끝나는 5월과 추수가 끝나는 10월에 했어요.

크리스 : 그렇군요! 그럼 축제를 시작한 이유는 뭐예요?

최지영 : 처음 시작은 농사로 지친 사람들의 피로를 풀어 주기 위한 것이었어요.
한국 사회가 산업화가 되면서 점차 사라지다가 1980년 이후부터 각 지방의 특성을 살리고 지역 주민들을 화합시키려는 목적에서 다시 활성화되기 시작했어요.

크리스 : 그럼 유명한 축제 몇 가지만 좀 알려 주세요.

최지영 : 벚꽃 축제, 해운대 축제, 강릉 단오제, 제주도에서는 유채꽃 축제가 유명해요.

크리스 : 그렇군요. 이번에는 꼭 한번 축제에 참여해 봐야겠어요.

2. 여러분이 가 보고 싶은 한국의 축제에 대해 이야기해 봅시다.

친구 이름	가 보고 싶은 축제	축제에서 할 수 있는 것
장소		
기타		

날개를 달자!!

기원 origin	제사 ancestral rites
고대 ancient	씨 seed
추수 harvest	농사 farming
지치다 be exhausted	산업화 industrialization
주민 resident	화합 harmony

3. 세계에는 다양한 축제가 있습니다. 축제에 대해 조사한 후 이야기해 봅시다.

국가	
이름	
시기와 장소	
유래	
내용	

읽기

- 여러 나라에는 다양한 축제가 있습니다. 어떤 축제들이 있을까요?

〈토마토 축제〉

★ 시기: 매년 8월 마지막 수요일

★ 장소: 스페인 부뇰(Buñol)

★ 유래: 토마토 값이 하락하자 화가 난 농부들이 토마토를 바닥에 던졌다.

★ 내용: 축제 참가자들을 위해 준비한 토마토를 서로에게 던지며 즐기는 것

★ 기타: 음악 공연, 불꽃놀이, 음식 축제 등

★ 장점: 자유를 느낄 수 있다.

★ 단점: 숙박비가 비싸고 대중교통 이용이 불편하다.

날개를 달자!!

시기 time
대중교통 public transportation
유래되다 originate
찌그러뜨리다 crush
숙박비 rom charge
당시 then
방지하다 prevent

스트레스를 풀 수 있는 가장 재미있는 축제 '라 토마티나(La Tomatina)'! 이것은 스페인에서 열리는 토마토 축제를 말한다. 라 토마티나는 스페인의 작은 도시 '부뇰(Buñol)'에서 매년 8월의 마지막 수요일에 열린다. 처음 시작한 시기는 1944년인데 그 당시 토마토 값이 너무 하락해서 화가 난 농부들이 토마토를 던진 것에서부터 유래되었다. 축제 당일 낮 12시가 되면 축제 참가자들은 준비된 10만kg 정도의 토마토를 약 두 시간 동안 서로에게 던지며 축제를 즐긴다. 이 때 축제 참가자들은 서로에게 토마토만 던져야 하며 위험을 방지하기 위해 토마토를 찌그러뜨린 후에 던져야 한다. 축제가 끝난 후 토마토로 붉게 물든 거리는 소방차가 와서 청소를 하기 때문에 금방 깨끗해진다.

그뿐만이 아니다. 이 축제에서는 음악 공연, 불꽃놀이, 음식 축제 등 다양한 볼거리와 즐길 거리들이 일주일 내내 펼쳐진다. 스트레스를 풀고 일상에서 벗어나 자유를 느낄 수 있다는 장점 때문에 매년 많은 사람이 찾는다. 그러나 작은 도시에 아주 많은 사람이 모이기 때문에 숙박 시설이 부족하고 비싼 데다가 대중교통을 이용하는 것도 불편하다는 단점이 있다.

1. 토마토 축제가 시작된 이유는 무엇입니까?

2. 축제를 즐길 때 유의할 점은 무엇입니까?

3. 축제의 단점을 해결하기 위한 방법은 어떤 것들이 있을까요?

쓰기

- 여러분은 어떤 축제를 좋아합니까? 많은 사람과 어울릴 수 있는 축제를 기획해 봅시다.

축제 이름	
유래	
시기	
내용	
홍보 방법	

- 여러분이 기획한 축제의 포스터와 소개하는 글을 써 보세요.

03

쓰레기를 어떻게 버려야 해요?

- 학습목표 : 쓰레기 문제에 관해 자신의 의견을 이야기할 수 있다.
- 기　　능 : 의견 말하기, 심정 토로하기
- 문　　법 : N(이)나 되는 것처럼/듯이, V-고는/곤 하다, V-기 일쑤이다, V-(으)려다(가) (말다), N에(게) 있어서, N마저

쓰레기를 버리는 방법에 대해 이야기해 보세요.

여러분이 오늘 버린 물건은 무엇인가요?
여러분의 나라에서는 분리수거를 하고 있나요?
쓰레기 문제를 어떻게 해결해야 할까요?

어휘와 표현

명사

환경

분리수거 waste sorting
먼지 dust
재활용 recycling
이면지 reusable paper
청결 hygiene
플라스틱 plastic
국물 soup
통째 all

기타

성장 growth
보온병 vacuum bottle
인간관계 relationship
생명 life
구조대 rescue team
바이킹 pirate ship ride
건망증 amnesia
재벌 wealthy household
전부 all
막차 the last train
의식 consciousness
스타 star
가야금 Korean zither with twelve strings
유기견 abandoned dog
상대방 the other party
단어 word
연습장 exercise book
고아원 orphanage
마찬가지 the same
택견 Teakkyean
설악산 Seoraksan

동사

환경

처리하다 deal with
흘러나오다 outgush
썩다 rot
분류하다 classify
나서다 come forward

기타

배려하다 consider
다가오다 approach
반기다 greet
둘러보다 look round
뒤덮다 cover

형용사

뻔하다 obvious
서툴다 clumsy
커다랗다 big
매스껍다 feel nausea

부사

종종 sometimes
툭하면 often
시시콜콜 every detail
혹시나 by any chance
번번이 always
아마도 perhaps

표현

환경오염 environmental pollution
공장 폐수 industrial sewage
동물 보호 센터 animal protection center
포장을 뜯다 open packaging
쓰레기 종량제 volume-rated garbage disposal system
시간이 나다 spends one's free time
야단을 맞다 be scolded

더 배워 봅시다.

눈도 깜짝 안 하다 : 조금도 놀라지 않고 무서워하지 않다
식은 죽 먹듯 : 어떤 일을 아주 쉽게 하는 모양
갈수록 태산 : 어떤 일을 하면 할수록 어려워지다

예) 리 우 팅 : 리에 씨, 대단한데요. 바이킹이 안 무서워요? **눈도 깜짝 안 하고** 잘 타네요!
리 에 : 바이킹이 뭐가 무서워요. 이 정도는 **식은 죽 먹기지요**. 너무 재미있어요. 우리 한 번 더 탈까요? 아니면 롤러코스터는 어때요?
리 우 팅 : **갈수록 태산이네요**. 우리 잠깐 쉬면서 커피나 마셔요. 머리도 아프고 속도 매스꺼워요.
리 에 : 알았어요. 그럼 커피를 마신 후에 다른 놀이 기구를 타러 갑시다.

문법 1

N(이)나 되는 것처럼/듯이

선생님은 우리 부모님이나 되는 것처럼 시시콜콜 잔소리를 해요.
그 사람은 사장이나 되는 것처럼 모든 일을 자기 마음대로 처리해요.
크리스는 유명한 스타나 되는 듯이 항상 선글라스를 끼고 다녀.

가 : 그 보온병을 무슨 보물이나 되는 것처럼 항상 가지고 다니네!
나 : 남자 친구가 선물해 준 거라서 그래.

문법 2

V-고는/곤 하다

저는 요즘 시간이 나면 설악산으로 등산을 가고는 해요.
나는 기분이 나쁠 때 청소를 하는데 그러면 기분이 좋아지곤 해.
저는 주말에 택견을 하곤 하는데 스테파니 씨는 주말에 보통 뭐 해요?

가 : 혼자서 영화 보고 오는 거야?
나 : 응. 나는 가끔 혼자서 영화를 보곤 해. 혼자가 편할 때도 있거든.

연습해 보세요 1

리우팅 씨는 부자같이 돈을 많이 쓴다
가 : 리우팅 씨가 왜 저렇게 돈을 많이 써요?
나 : 그러게요! 요즘 마치 부자나 되는 것처럼 돈을 쓰곤 해요.

가 : ______________________________?
나 : ______________________________.

① 마리오 씨는 운동선수같이 열심히 운동을 한다
② 애니 씨는 화장품 회사의 직원같이 물건을 소개한다
③ ?

문법 3

V-기 일쑤이다

성격이 급한 사람은 실수하기 일쑤입니다.
리에 씨는 너무 순진해서 뻔한 거짓말에도 속기 일쑤예요.
요즘 크리스 씨는 매일 게임을 하느라고 늦게 자서 학교에 지각하기 일쑤예요.

가 : 요즘 많이 바쁜가 봐요?
나 : 네. 시험도 있고 과제도 많아서 밤을 새우기 일쑤예요.

연습해 보세요 2

동생은 갖고 싶은 물건을 안 사 주면 자주 운다

가 : 동생에게 어떤 단점이 있어요?

나 : 갖고 싶은 물건을 안 사 주면 울기 일쑤예요.

가 : ______________________________ ?

나 : ______________________________ .

① 크리스 씨는 지각을 자주 해서 선생님께 야단을 맞는다

② 리에 씨는 건망증이 심해서 번번이 물건을 잃어버린다

③ ?

문법 4

V-(으)려다(가) (말다)

전화가 와서 밥을 먹으려다가 말고 전화를 받았어요.

쇼핑하려고 했는데 비가 오는 바람에 나가려다 말았다.

급한 일이 생겨서 친구를 만나려다가 회사에 갔어요.

가 : 어! 스테파니 씨, 유학을 간다더니 이 회사 다녀요?

나 : 네. 집안 사정이 안 좋아져서 유학을 가려다가 취직했거든요.

연습해 보세요 3

청바지 대신에 디자인이 마음에 드는 원피스를 샀다
가 : 청바지를 산다더니 원피스를 샀어요?
나 : 디자인이 마음에 들어서 청바지를 사려다가 말고 원피스를 사게 되었어요.

가 : ________________ ?
나 : ________________ .

① 드럼 대신에 소리가 예쁜 가야금을 배웠다
② 데이트 대신에 유기견을 돌볼 수 있는 동물 보호 센터에 가서 자원봉사를 했다
③ ?

문법 5

N에(게) 있어서

아이의 성장에 있어서 어머니의 역할이 가장 중요해요.
환경 문제에 있어서 가장 중요한 것은 사람들의 의식과 행동이에요.
나에게 있어서 가장 이루고 싶은 꿈은 바로 기자입니다.

가 : 요리할 때 제일 중요한 게 뭔가요?
나 : 요리에 있어서 제일 중요한 것은 청결입니다.

연습해 보세요 4

삶에서 가장 소중한 것은 건강이다

가 : 삶에서 가장 소중한 것이 뭐예요?

나 : 삶에 있어서 가장 소중한 것은 건강이에요.

가 : ______________________________ ?

나 : ______________________________ .

① 여행에서 가장 중요한 것은 같이 가는 사람이다

② 인간관계에서 가장 필요한 것은 상대방을 배려하는 마음이다

③ ?

문법 6

N마저

남아 있는 용돈마저 다 써 버려서 지금 가지고 있는 돈이 없어요.

내가 가장 친하다고 생각했던 친구마저 고향을 떠나 버렸습니다.

환경오염이 심해지면 십 년 뒤에는 공기마저 사야 할지도 몰라요.

가 : 배고파 죽겠는데 먹을 거 없어?

나 : 없어. 어제 마지막으로 남아있던 라면마저 다 먹어 버렸거든.

연습해 보세요 5

이번 시험이 나에게 마지막 기회라서 열심히 공부한다

가 : 왜 이렇게 열심히 공부해요?

나 : 이번 시험마저 못 보면 고향에 돌아가야 하거든요.

가 : ______________________________?

나 : ______________________________.

① 이 버스가 오늘의 막차라서 뛰어야 한다

② 이 돈이 남은 생활비의 전부라서 돈을 아껴써야 한다

③ ?

연습해 보세요 6

N(이)나 되는 것처럼/듯이	V-고는/곤 하다	V-기 일쑤이다
V-(으)려다(가) (말다)	N에(게) 있어서	N마저

나는 대학교의 청소부로 이십 년째 청소를 하고 있다. 요즘 학생들은 옛날 학생들과는 다르게 아무 물건이나 쉽게 (버리다) ______________________. 심지어 (재벌) ______________ 포장도 뜯지 않고 버리는 경우도 종종 있다.

수업이 끝난 교실에 청소하러 들어가면 쓰레기와 학생들이 놓고 간 물건들로 가득하다. 치우려고 해도 혹시나 물건을 찾으러 오는 학생이 있지는 않을까 하는 생각 때문에 나도 모르게 (치우다) ______________ 사무실에 맡겨 (놓다) ______________.

학생들이 잃어버리고 간 물건들이 주인을 기다리는 마음을 알까? 만약 나라면 잃어버린 물건을 빨리 찾아갈 것 같은데 학생들은 일주일이 지나도 물건을 찾아가는 일이 거의 없다.

그뿐만 아니라 그 물건을 잃어버린 (것) __________ 생각하지 못하는 것 같다. 아마도 (학생들) ______________ 잃어버린 물건은 없어도 되는 물건인 듯하다.

본문

- 쓰레기 문제로 곤란했던 적이 있습니까?

리우팅 : 한국은 쓰레기를 버리는 방법이 정말 어려운 것 같아요. 요즘 툭하면 고시원 아주머니께 잔소리를 듣곤 해요.

김단국 : 잔소리요?

리우팅 : 네. 며칠 전에도 컵라면을 먹다가 국물이 남았는데 통째로 버리려고 하다가 아주머니께 혼났어요. 아주머니께서 엄마나 되는 듯이 잔소리를 하시더라고요. 귀에 못이 박힐 뻔했어요.

김단국 : 그래서 어떻게 했어요?

리우팅 : 남은 국물을 버리려다가 말고 모두 마셔 버렸어요. 제 고향에서는 같이 버려도 괜찮았는데…….

김단국 : 한국도 예전에는 쓰레기를 모두 같이 버렸어요. 그런데 쓰레기가 너무 많아져서 1995년부터 쓰레기 종량제와 분리수거를 시작했어요.

리우팅 : 그게 뭐예요?

김단국 : 종량제는 쓰레기를 버리는 만큼 돈을 내는 거예요. 예전에는 쓰레기를 버릴 때 돈이 들지 않으니까 쓸 만한 물건도 그냥 버리기 일쑤였어요. 그런데 지금은 쓰레기를 버리면 돈이 많이 드니까 쓰레기를 줄이고 있어요. 그리고 분리수거는 환경을 보호하기 위해서 캔, 병, 플라스틱, 종이 등을 분류해서 버리는 것을 말해요.

리우팅 : 그렇군요. 그럼 환경도 보호하고 쓰레기도 줄어들겠네요. 저도 이제부터 열심히 분리수거를 해야겠어요. 그런데 외국인에게 있어서 쓰레기를 분리수거 하는 것은 정말 어려운 일인 것 같아요. 한국어도 서툰데 분리수거에 대한 단어들마저 알아야 하니 점점 공부할 것이 많아지네요.

1. 리우팅 씨는 고시원 아주머니께 왜 잔소리를 들었습니까?

2. 한국에서 쓰레기를 어떻게 버리고 있습니까?

3. 분리수거의 장점과 단점은 무엇입니까?

듣기

1. 맞으면 O, 틀리면 X 하세요.

① 도시 사람들 때문에 달래강이 더러워졌다. ( )

② 달래강 구조대가 활동을 시작한 지 3년이 되었다. ( )

③ 강이 살아나면서 동물들이 다시 살 수 있게 되었다. ( )

2. 달래강 구조대가 하지 않은 일은 무엇입니까?

① 약을 뿌렸다. ② 청소와 분리수거를 했다.

③ 매일 강가를 둘러봤다. ④ 경치가 좋다는 소문을 냈다.

3. 달래강의 모습은 어떻게 변화하였습니까?

4. 강을 보호하기 위해 어떤 노력을 해야 합니까?

날개를 달자!!

달래강 Dallae river   충청도 Chungcheong-do

이야기해 보세요

1. 여러분은 방을 정리하거나 청소할 때 어떤 물건을 버립니까?

리에 : 애니 씨, 뭐 해요? 청소하고 있어요?

애니 : 네. 필요 없는 물건이 많아서 정리를 하려고요.

리에 : 필요 없는 물건도 있어요?

애니 : 네. 책상 위에 있는 이면지, 침대 위에 있는 큰 곰 인형, 먹다 남은 레몬도 버리려고요.

리에 : 왜요? 아직 쓸 만한 물건인 것 같은데요. 책상 위의 종이는…….

2. 여러분은 오늘 어떤 물건을 버렸습니까? 이유는 무엇입니까?

	애니		
버린 물건	종이, 곰 인형, 레몬		
이유	종이→이면지는 쓰기 싫다 곰 인형→먼지가 너무 많다 레몬→싱싱하지 않다		

3. 친구의 물건을 버리지 않을 수 있는 방법은 무엇입니까? 쓰레기 문제를 해결하는 방법을 써 보세요.

애니 씨가 청소를 하면서 책상 위에 있는 종이와 큰 곰 인형, 먹다 남은 레몬도 버리겠다고 했다. 내가 보기에는 책상 위의 종이나 커다란 곰 인형 모두 아직은 쓸 만한 물건인 것 같았다.

책상 위의 이면지는 연습장으로 쓸 수 있다. 커다란 곰 인형은 먼지가 많이 있지만 깨끗하게 빨아서 고아원에 보내면 아이들이 가지고 놀 수 있다. 또 레몬은 얇게 잘라서 냉장고에 넣으면 냄새를 없앨 수 있으니까 재활용을 할 수 있다.

읽기

어느 날 눈을 떠 보니 파란 하늘이 손에 닿을 것 같은 높은 산, 푸른 나무들이 가득한 어느 숲속이었습니다. 깨끗한 공기와 시원한 바람, 작은 동물들이 나를 반겨주었습니다. 오랜만에 만난 친구들과 인사를 나눌 시간도 없이 나는 어디론가 떠내려가고 있었습니다. 또 다른 친구들이 나를 기다리고 있으니 괜찮습니다. 그런데 이상합니다. 왜 친구들이 저에게 다가오지 않는 걸까요? 다가오려다가 말고 저 멀리 푸른 숲으로 숨어 버립니다. 키 큰 나무의 그림자 사이로 파란 하늘은 사라지고 커다란 바위와 폭포를 지나자 사람들의 목소리가 들려옵니다. 무엇인지 알 수 없는 기계의 소리도 들립니다. 그렇게 가득하던 나무들은 모두 어디로 사라진 걸까요? 이 산이 끝나려면 아직도 멀었는데 키 작은 나무들마저 사라져 버렸다는 것을 알게 되었습니다. 여행을 할 때마다 친구들이 어디론가 사라지곤 했는데 이번 여행에서도 전에 만났던 친구들은 만날 수 없었습니다. 친구들이 사라진 자리에는 아파트와 공장 등 처음 보는 건물이 세워졌습니다. 전에는 분명히 새들이 많이 살았던 강가에도 쓰레기가 주인이나 되는 것처럼 가득할 뿐, 친구들의 모습은 볼 수 없었습니다.

어디서든 잠깐 쉬고 싶었지만 내가 쉴 만한 곳은 없었습니다. 도시가 가까워지면서 깨끗했던 공기도, 시원한 바람도 사라졌다는 것을 알게 되었습니다. 나는 도시를 지날 때마다 공장에서 나오는 폐수와 사람들이 던지는 쓰레기 때문에 다치기 일쑤였습니다. 이번 여행에서도 마찬가지였습니다.

이제 긴 여행의 끝이 보입니다. 저기 보이는 배들을 지나 먼 바다까지만 가면 됩니다. 나는 다시 구름 위를 날고 싶었습니다. 하지만 이번 여행이 제 마지막 여행인가 봅니다. 어느 배에서 흘러나온 기름 때문에 먼 바다로 나가는 길이 막혔습니다. 무거워진 나는 이제 하늘 위를 날 수 없습니다. 다시는 숲속의 친구들을 만날 수 없겠지요.

사람들은 알까요? 자신들이 쓰려다가 버린, 가지려다가 말았던 내가 얼마나 오랫동안 자신들과 함께 지냈는지 알까요? 이제는 그럴 수 없다는 것을 알까요? 얼마나 오랜 시간이 지나면 나는 다시 하늘을 날 수 있을까요?

1. 변하기 전과 변한 후의 모습을 그려봅시다.

변하기 전	변한 후

2. 사라진 친구들은 무엇입니까? 이유는 무엇입니까?

3. 나는 누구입니까? 앞으로 어떻게 될까요?

날개를 달자!!

닿다 reach
어디론가 somewhere
그림자 shadow
기계 machine
숲속 inside the forest
떠내려가다 wash out
강가 the riverside

쓰기

- 사람들이 버린 쓰레기로 뒤덮인 지구에서 각 나라의 대통령이 모여 회의를 합니다. 여러분이 각 나라의 대표라면 이 문제를 어떻게 해결하겠습니까?

1. 쓰레기 문제에 대한 여러분의 생각을 이야기해 보세요.

쓰레기 때문에 생긴 환경 문제	
환경 문제를 해결하는 방법	

2. 여러분이 이야기한 방법을 국민들이 잘 지키게 하려면 어떻게 해야 합니까? 계획을 이야기해 보세요.

3. 위의 회의 내용에 대해 사람들에게 알리는 글을 써 보세요.

04

건강하게 사는 방법을 알려 드릴게요.

- 학습목표 : 설문조사 결과에 대해 이야기할 수 있다.
- 기　　능 : 분석하기, 보고하기
- 문　　법 : A/V-(으)ㄹ 리가 없다, A-다 A-다, V-ㄴ/는다 V-ㄴ/는다, A/V-더라도, V-고 보니(까), V-(으)ㄴ/는 김에, N을/를 대상으로 조사하다, N에 의하면, N(으)로 나타나다

건강하게 사는 방법에 대해 이야기해 보세요.

여러분은 건강을 위해 무엇을 하고 있나요?
여러분이 좋아하는 음식은 건강과 어떤 관계가 있을까요?
건강하게 사는 것은 어떻게 사는 것이라고 생각하나요?

어휘와 표현

명사

건강과 질병

보약 restorative herb medicine
통증 pain
식중독 food poisoning
허기 hunger
기온 temperature
유기농 organic farming
혈액형 blood type
보건소 health center
영양 nutrition
연구소 laboratory

기타

구두쇠 miser
종이학 folded-paper crane
선호도 preference
재단 foundation
미만 under
성장기 period of growth
포만감 satiety
문고 book store
반대 the opposite
방향 direction
의견 opinion
과소비 excessive consumption
순위 ranking
대다수 the most part
본지 this newspaper
입장 position
주중 weekdays
국립 national
캠프 camp
실내 interior
구체적 detailed

동사

머뭇거리다 hesitate
경고하다 warn
조사하다 investigate
방해되다 interrupt
제안하다 suggest
선호하다 prefer
대하다 deal by
추천하다 recommendation
게을리하다 neglect

형용사

밀접하다 intimate
풍부하다 abound in/abundant
가렵다 itchy
달하다 reach
불과하다 just
분명하다 be for sure
충분하다 sufficient

부사

함부로 thoughtlessly
오히려 rather

표현

권장 도서 encouragement book
아울렛 매장 outlet store
웰빙족 Well being family
유산소 운동 aerobic exercise
세탁기를 돌리다 run the washing machine
동상에 걸리다 suffer from frostbite
봉사 활동 vdunteer work
설문 조사 question inverstingation
평균 수명 average life expectancy
면역력을 높이다 raise immunity
수면을 취하다 take sleep
관계가 있다 have some connection with

더 배워 봅시다.

눈이 높다 : 조건이 까다롭다
뜸을 들이다 : 말이나 행동을 바로 하지 않고 머뭇거린다
티끌 모아 태산 : 먼지처럼 작은 것이라도 계속해서 모으면 산처럼 커진다

예) 마리오 : 리에 씨, 이거 선물이에요.
리　에 : 웬 선물이에요?
마리오 : 리에 씨를 생각하면서 접은 종이학이에요. 한 번에 많이 접을 수 없었지만 **티끌 모아 태산이라고** 매일 매일 접어서 천 마리가 되었어요.
리　에 : 고마워요.
마리오 : 리에 씨, 저……. 음…….
리　에 : 왜 그래요? 무슨 말을 하려고 이렇게 **뜸을 들여요?**
마리오 : 리에 씨가 **눈이 높다**는 말을 듣기는 했지만 저는 리에 씨를 좋아해요. 제 마음을 받아 주세요.
리　에 : …….

문법 1

A/V-(으)ㄹ 리가 없다

오늘 날씨가 이렇게 좋은데 비가 올 리가 없어요.

애니 씨가 1등을 했을 리가 없어요. 매일 저랑 놀러 다녔는데…….

강남에 사람이 없을 리가 없어요. 주말이잖아요.

가 : 크리스 씨가 자전거를 타다가 넘어져서 다쳤대요.

나 : 그럴 리가 없어요. 크리스 씨가 자전거를 얼마나 잘 타는데요.

▷ N일 리가 없다

리에 씨의 동생이 가수일 리가 없어요.

헤어지자는 말이 진심일 리가 없지.

연습해 보세요 1

방학이라 학생 식당에 사람들이 없을 것이 분명하다

가 : 요즘 학생 식당에 사람들이 많다면서요?

나 : 학생 식당에 사람들이 많을 리가 없어요. 방학이잖아요.

가 : ______________________________ ?

나 : ______________________________ .

① 크리스 씨는 구두쇠라서 한턱내지 않을 것이 분명하다

② 리에 씨는 배운 문법을 자주 잊어버려서 시험을 못 볼 것이 분명하다

③ ?

문법 2

A-다 A-다, V-ㄴ/는다 V-ㄴ/는다

건강을 위해 유기농 음식을 먹는다 요가를 배운다 말들이 많아요.
예뻐지기 위해서 화장을 해야 한다 다이어트를 해야 한다 사람들의 의견이 다양해요.
리에 씨가 예쁘다 스테파니 씨가 예쁘다 말들이 많지만 제 생각에는 애니 씨가 최고예요.

가 : 요즘 날씨가 좋아서 모두 산에 간다 바다에 간다 하는데 우리도 갈까요?
나 : 좋아요. 어디에 가고 싶어요?

▷ N(이)다 N(이)다
지난 학기에는 문화제다 동아리 활동이다 정신없이 바쁘게 지냈어요.
우리는 너무 배가 고파서 피자다 스파게티다 샐러드다 많은 음식을 먹었어요.

문법 3

A/V-더라도

이번 모임은 바쁘더라도 꼭 참석해 주시기 바랍니다.
우리가 헤어지더라도 추억은 잊지 마세요.
저 자동차가 아무리 비싸더라도 꼭 사고 말겠어요.

가 : 내일은 무슨 일이 있더라도 꼭 한라산에 가겠어요.
나 : 왜요?
가 : 제주도에 올 때마다 사정이 생겨서 못 갔거든요.

▷ N(이)더라도

아무리 어른이더라도 아이들을 함부로 대하면 안 돼요.
건강에 좋은 요가더라도 너무 심하게 하면 오히려 건강에 나빠요.

연습해 보세요 2

여행 계획에 의견이 많지만 오늘까지 결정해야 한다

가 : 여러분, 여행 계획이 있어요?
나 : 친구들이 제주도에 간다 부산에 간다 말들이 많아요.
가 : 의견이 많더라도 오늘까지 결정해야 해요.

가 : ____________________?
나 : ____________________.
가 : ____________________.

① 다이어트 방법에 생각이 많지만 꾸준히 해야 한다
② 절약하는 방법에 대한 의견이 많지만 과소비를 하지 말아야 한다
③ ?

문법 4

V-고 보니(까)

한국에 와서 친구를 사귀고 보니 고향이 같았어요.
리에 씨의 혈액형이 AB형인줄 알았는데 알고 보니까 O형이더라고요.
목이 말라서 식탁에 있던 물을 마시고 보니 물이 아니고 술이었어요.

가 : 왜 이렇게 늦었어요? 아까 지하철을 탔다고 했잖아요.
나 : 미안해요. 지하철이 와서 탔는데 타고 보니까 반대 방향으로 가는 지하철이었어요.

문법 5

V-(으)ㄴ/는 김에

방 청소를 하는 김에 화장실이랑 부엌 청소도 다 했어요.
친구를 만나러 간 김에 도서관에 들러서 책도 빌려왔어요.
불고기를 만드는 김에 불고기 김밥도 만들어 봤어요.

가 : 왜 이제 들어와요? 벌써 한 시간이나 지났는데…….
나 : 우체국에 갔는데 필요한 물건이 생각나서 나간 김에 마트까지 갔다 왔거든요.

연습해 보세요 3

음식 준비를 다 했는데 음료수가 없다

가 : 음식 준비를 하고 보니까 음료수가 없어요.

나 : 그래요? 그러면 제가 쓰레기를 버리러 나가는 김에 사 올게요.

가 : .

나 : .

① 아울렛 매장에서 옷을 샀는데 별로 마음에 들지 않는다

② 세탁기를 돌렸는데 빨아야 할 셔츠가 또 있다

③ ?

문법 6

N을/를 대상으로 조사하다, N에 의하면, N(으)로 나타나다

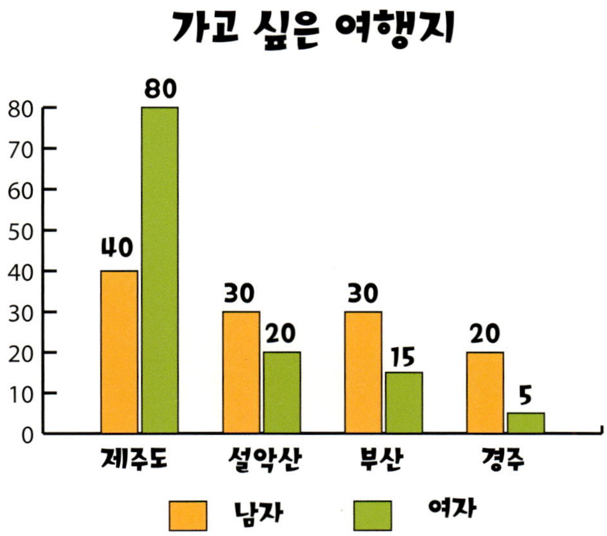

DK연구소에서 단국대학교에 다니는 남녀 외국인 유학생 각각 120명을 대상으로 한국에서 가장 가고 싶은 여행지에 대해서 조사하였다. 조사에 의하면 남학생의 경우 제주도가 40명으로 가장 많았으며 다음으로 설악산과 부산이 각각 30명으로 같았다. 마지막으로 경주는 20명으로 가장 적었다. 여학생도 남학생과 가고 싶은 여행지의 순위가 비슷하게 나타났다. 먼저 제주도가 80명으로 가장 많았으며 설악산 20명, 부산 15명 순으로 나타났다. 마지막으로 경주는 5명에 불과했다. 조사 결과 남학생은 가고 싶은 여행지의 선호도가 비슷한 반면에 여학생은 대다수가 제주도를 선호하는 것으로 나타났다.

연습해 보세요 4

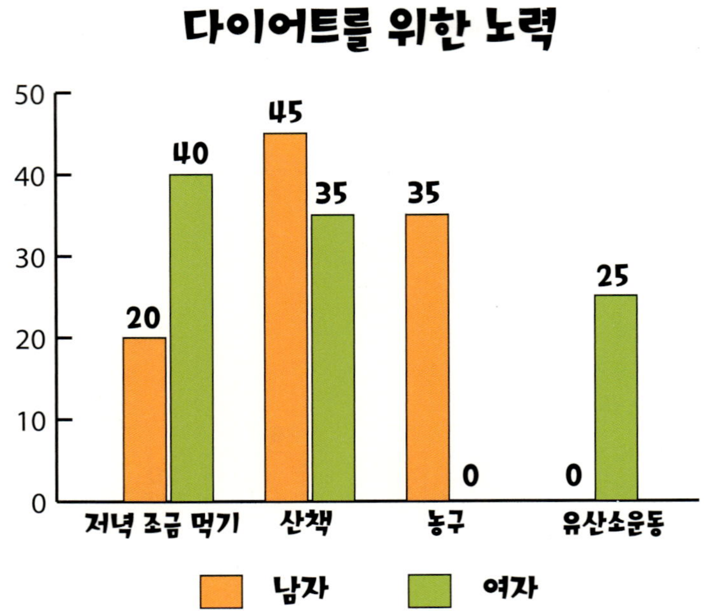

단국대학교 보건소에서는 단국대학교에 다니고 있는 남학생, 여학생 각각 100명, (총 200명) ______________ '건강하게 살기 위해서 하고 있는 것'에 대해 (조사하다) ______________. (조사 결과) ______________ 학생들은 건강하게 살기 위해 여러 가지 노력을 하는 것으로 나타났다. 여학생들이 가장 많이 하는 방법은 (저녁 조금 먹기, 산책, 유산소 운동) ______________

____

남학생의 경우는 (산책, 농구, 저녁 조금 먹기) ______________

이를 통해 남학생과 여학생의 방법이 다르지만 대부분의 학생들은 건강하게 살기 위해 다양한 노력을 하고 있다는 것을 알 수 있었다.

연습해 보세요 5

A/V-(으)ㄹ 리가 없다	A-다 A-다, V-ㄴ/는다 V-ㄴ/는다	
A/V-더라도	V-고 보니(까)	V-(으)ㄴ/는 김에
N을/를 대상으로 조사하다	N에 의하면	N(으)로 나타나다

여러분은 한 달에 책을 몇 권이나 읽으십니까?

DK문고에서는 (대학생 200명) ____________ 한 달에 책을 몇 권이나 읽는지 ____________ (조사 결과) ____________ 대학생들은 평소에 책을 거의 읽지 않는 것으로 나타났습니다. 남학생은 한 달에 읽는 책이 (0권 55%, 1권 30%, 2권 15%) ____________ 여학생은 (0권 50%, 1권 30%, 2권 20%) ____________

어느 대학교에서는 권장 도서를 추천하기도 했지만 효과가 없었다고 합니다. 이에 대해 본지에서는 대학생들을 대상으로 인터뷰를 실시하였습니다.

인터뷰를 하기 전에는 그렇게 조금 (읽다) ____________ 고 생각했습니다. 그러나 인터뷰를 (하다) ____________ 학생들의 입장을 이해할 수 있었습니다.

(수업을 하다, 아르바이트를 하다, 봉사 활동을 하다) ____________ 정말 바쁘게 생활하고 있기 때문에 책을 읽을 시간이 없었던 것입니다.

그러나 아무리 (바쁘다) ____________ 독서를 게을리하면 안 됩니다.

오늘 친구를 만날 약속이 있습니까? 친구를 만나러 (나가다) ____________ 서점에 들러 책을 한 권 읽어 보는 것은 어떨까요?

본문

- 건강에 좋은 음식은 무엇일까요?

애 니 : 여러분, 안녕하십니까? '오늘의 건강식'의 아나운서 애니입니다. 오늘은 '슈퍼 푸드(superfood)'에 대해 알아보겠습니다. '슈퍼 푸드'는 영양이 풍부하고 면역력을 높여 주는 음식을 말합니다. 김단국 박사님을 모시고 자세한 이야기를 들어 보도록 하겠습니다. 안녕하세요?

김단국 : 네. 안녕하세요. 김단국입니다.
오늘은 건강에 좋은 '슈퍼 푸드'에 대해 알려 드리겠습니다.
'세계 10대 슈퍼 푸드'라고 알려진 음식은 '녹차, 귀리, 브로콜리, 마늘, 포도주, 블루베리, 견과류, 시금치, 연어, 토마토'입니다.

애 니 : 보통 우리가 일상생활에서 쉽게 볼 수 있는 음식들이네요!

김단국 : 그렇습니다. '슈퍼 푸드'라고 해서 특별한 음식이 아닙니다. 어떤 사람들은 구하기 어렵고 비싼 음식들이 건강에 좋다고 생각하지만 그것은 잘못된 생각입니다.

애 니 : 그렇군요! 그렇다면 이런 음식들이 어떤 효과가 있는지 자세히 설명해 주시지요.

김단국 : '슈퍼 푸드'에는 비타민이 많이 포함되어 있습니다. 브로콜리나 블루베리에는 비타민C, 연어에는 비타민E, 귀리에는 비타민B가 많이 들어 있습니다. 그리고 견과류는 포만감을 주기 때문에 다이어트에 도움이 되지요. 또한 시금치와 귀리는 피부 질환에 도움을 줍니다. 마늘은 냄새 때문에 꺼리시는 분들도 있지만 소화를 돕고 식중독을 예방하는 효과가 있으니 적당하게 드시면 좋습니다.

애 니 : 여러분. 잘 들으셨지요? 오늘 박사님의 말씀을 들으신 김에 마트에 가셔서 '슈퍼 푸드'를 만나 보시는 건 어떨까요? 김 박사님, 오늘 말씀 감사합니다.

1. '슈퍼 푸드'에는 무슨 음식들이 있습니까?

2. '슈퍼 푸드'는 어떤 효과가 있습니까?

3. 여러분이 생각하는 '슈퍼 푸드'는 어떤 음식입니까?

날개를 달자!!

건강식 healthy food
귀리 oats
블루베리 blueberry
연어 salmon
꺼리다 reluctant
슈퍼 푸드 superfood
포도주 wine
견과류 nut products
질환 disease

듣기

1. 맞으면 O, 틀리면 X 하세요.

① 스키니 진을 입으면 자세가 나빠진다. ( )

② 하이힐이나 부츠 등 높은 구두를 신으면 동상에 걸린다. ( )

③ 20대 여성들은 한겨울에도 몸매가 드러나는 옷을 선호한다. ( )

2. 옷차림 때문에 생길 수 있는 문제점에 ∨ 표시하세요.

☐ 날씬해진다　☐ 동상에 걸린다　☐ 자세가 나빠진다

☐ 무릎 통증이 생긴다　☐ 감기에 걸린다　☐ 발 건강에 나쁘다

☐ 가슴이 답답하다　☐ 혈액 순환이 안 된다

3. 겨울철에 유행하는 옷차림에 대해 이야기해 봅시다.

4. 옷을 입을 때에 지켜야 할 것이 무엇인지 이야기해 봅시다.

날개를 달자!!

옷차림 attire
취재하다 gather
여성 female
겨냥하다 aim
허벅지 thigh
부츠 boots
적신호 red light
영하 below zero
스키니 진 skinny jean
혈액 순환 the circulation of the blood
증상 symptom
자세 posture

이야기해 보세요

1. 여러분은 건강을 위해서 어떤 노력을 하고 있습니까?

최지영 : 리우팅 씨, 건강을 지키기 위해 특별히 하고 있는 운동이 있어요?
리우팅 : 없을 리가 없지요. 저는 퇴근 후에 음악을 들으면서 한 시간씩 자전거를 타요.
최지영 : 건강에 좋은 음식도 자주 먹나요?
리우팅 : 그럼요. 부모님께서 건강에 좋은 귀리다 브로콜리다 다양한 슈퍼 푸드로 요리를 만들어 주세요.
최지영 : 그렇군요! 그럼 건강을 지키기 위해 하지 않는 일이 있어요?
리우팅 : 저는 담배를 피우지 않고 술은 한 달에 한 번만 마셔요.
최지영 씨는요?
최지영 : 저는 …….

2. 친구들과 함께 건강하게 살기 위한 방법에 대해 이야기해 보세요.

방법 \ 친구 이름	리우팅		
운동	한 시간 자전거		
음식	슈퍼 푸드로 만든 요리		
하지 않는 일	담배 : ×, 술 : 한 달에 한 번		

3. 여러분은 건강하게 살기 위해 어떤 노력을 하고 있나요?

읽기

- 여러분은 하루에 몇 시간이나 잠을 자고 있습니까?

밤을 새워 시험 공부를 했지만 시험 성적을 보니 점수가 안 좋았던 기억은 누구에게나 있을 것이다. 바쁜 일이 있거나 시험이 있을 때 제일 먼저 줄이게 되는 것이 잠자는 시간이다. 2017년 DK연구소에서는 중고등학생 1,000명을 대상으로 청소년들의 수면 시간에 대한 설문 조사를 했다. 조사에 의하면 한국 학생들의 주중 평균 수면 시간은 고등학생 5.7시간, 중학생 7.3시간으로 미국 국립 수면 재단이 제안한 8.5~9.25시간에 비해 많이 부족한 것으로 나타났다. 게다가 주중 수면 시간이 5시간 미만인 고등학생은 27.2%에 달했다. 반면에 8시간 이상 충분히 잔다는 학생은 2.3%에 불과했다.

이렇게 잠을 조금만 자도 우리 몸에는 아무 문제가 없을까? 인간은 일생의 약 1/3을 잠을 자면서 보내게 되는데 잠자는 시간은 낮 동안 쌓였던 몸의 피로를 풀고 휴식하는 시간이다. 잠을 자는 동안 우리의 뇌는 낮에 새롭게 배운 지식을 장기 기억으로 저장한다. 따라서 열심히 공부를 하더라도 충분한 수면을 취하지 않으면 학습 효과가 좋을 리가 없다. 그리고 수면 시간이 부족하면 우리의 몸이 제대로 움직일 수 없다. 또한 성장기에 잠이 부족하면 성장에 방해가 될 수도 있다.

수면 시간이 부족할 때 생기는 문제점은 이 밖에도 여러 가지가 있다. 잠이 부족하면 허기를 많이 느끼게 돼서 더 많이 먹게 되고 이것이 비만으로 이어진다. 심장도 쉴 시간이 부족하기 때문에 심장병에 걸릴 확률도 높아진다고 한다. 따라서 적절한 수면 시간으로 건강을 유지하는 것이 중요하다. 옛말에 '잠이 보약'이라는 말이 있다. 사람들은 건강을 위해 운동을 한다 보약을 먹는다 많은 노력을 하지만 사실 잠만 잘 자도 몸과 마음이 건강해질 수 있고 학습 능력도 높아진다는 것을 잊으면 안 된다.

날개를 달자!!

뇌 brain	장기 기억 long-term momory
심장병 heart disease	학습 능력 learning a bility
확률 probability	

1. 한국의 청소년들의 수면 시간에 대한 내용으로 맞는 것을 고르세요.

① 잠을 자는 시간은 건강과 관계가 없다.

② 고등학생의 평균 수면 시간은 부족하다.

③ 잠을 많이 자면 기억이 사라지기 때문에 많이 자면 안 된다.

④ 한국의 고등학생은 미국 국립 수면 재단에서 제시한 시간보다 많이 잔다.

2. 수면 부족 때문에 생기는 문제점은 무엇입니까?

3. 여러분은 하루에 몇 시간 잡니까? 자신의 수면 시간이 적당하다고 생각합니까?

쓰기

- 《DK 건강한 생활 체험 캠프》 기획 회의에 오신 것을 환영합니다. 이 캠프는 웰빙족을 겨냥한 1박 2일간의 체험 프로그램입니다. 평범한 여름휴가를 대신할 수 있는 DK 여행사만의 특별한 여행이 될 수 있도록 여러분의 의견을 이야기해 주시기 바랍니다.

1. 캠프에 대한 구체적인 계획을 써 보세요.

캠프 진행 장소	
캠프 참가자	
캠프 계획	첫째 날
	둘째 날

2. 여러분이 계획한 캠프의 장점은 무엇입니까?

3. 여러분이 계획한 캠프에 사람들을 모집하기 위해 캠프의 내용을 소개하는 글을 써 보세요.

05

저는 넓은 정원이 있는 2층집에서 살았으면 해요.

- 학습목표 : 내가 살고 싶은 집의 모습과 조건에 대해 설명할 수 있다.
  아파트와 주택의 장점과 단점을 이야기할 수 있다.
- 기　　능 : 비교하기, 설명하기
- 문　　법 : A/V-았/었으면 (하다), V-(으)려야 V-(으)ㄹ 수(가) 없다, V-(으)ㄴ/는다는 것이/게, V-고도, N(이)란, N(으)로 여기다/보다/느끼다/생각하다

여러분이 살고 싶은 집에 대해 이야기해 보세요.

여러분은 어떤 집에 살고 있나요?
미래에는 어떤 집이 생길까요?
집을 짓는다면 어떤 집을 짓고 싶은가요?

어휘와 표현

명사

생활 공간
사생활 privacy
겉모양 appearance
창고 warehouse
다락방 attic
원통형 cylindrical

기타
애완동물 a pet
바비큐 barbecue
대청소 big cleanup
유명세 a penalty of popularity
지붕 roof
복권 lottery
지하도 underpass
나뭇가지 a bough
천 fabric
막내 the youngest

동사

문제 해결
선택하다 select
토론하다 discussion
당첨되다 win
이끌다 lead
전하다 tell

건축
건설하다 build
씌우다 cover
분해하다 disassemble

기타
뛰어놀다 romp around
넘기다 pass the time

형용사

고유하다 inherent
거대하다 huge
생생하다 vivid
옳다 right
둥글다 round
깊다 deep

부사

어쨌든 at any rate
도저히 can't possibly
높이 height
제발 please

표현

실내장식 interior design
개선점 improvement point

이동식 movable
수상 가옥 house built on stilts over the water
내부 구조 the inside structure
안내 방송 announcement
기둥을 세우다 build columns
피로가 쌓이다 become more and more fatigued

더 배워 봅시다.

손이 크다 : 돈이나 물건을 아끼지 않고 넉넉하게 쓴다
손을 보다 : ① 물건을 고친다 ② 사람을 혼낸다
보기 좋은 떡이 먹기도 좋다 : 겉모양이 좋으면 내용도 좋아 보인다

예) 아내 : 여보, 봄도 되었으니까 우리 오늘은 대청소를 할까요?
남편 : 청소? 나는 요즘 좀 피곤해서 쉬고 싶은데…….
아내 : 시간이 얼마나 걸린다고 그래요. 청소부터 하고 쉬어요. 내가 점심 준비하는 동안 세탁기도 **손을 좀 봐** 주고요.

(두 시간 후)

남편 : 여보, 집에 누가 와요? 이게 다 뭐예요?
아내 : 누가 오기는요. 오늘 쉬지도 못하고 고생한 당신을 위한 선물이에요. **보기 좋은 떡이 먹기도 좋다**고 신경 좀 썼어요.
남편 : 그래도 이건 너무 많은 것 같은데 당신은 **손이 커서** 걱정이에요.

문법 1

A/V-았/었으면 (하다)

올해는 좋은 일만 있었으면 합니다.
십 년이 지난 후에도 지금 선택한 일을 후회하지 않았으면 …….
며칠 동안 아파서 집에만 있었어요. 이번 주말에는 가까운 데라도 나갔으면 해요.

가 : 어떤 집에 살고 싶어요?
나 : 저는 마당이 있는 단독 주택에 살았으면 해요. 애완동물도 키우고 바비큐 파티도 하면 좋을 것 같아요.

▷ N이었/였으면 (하다)
매일 밤을 새워서 공부했는데 이번에는 제발 합격이었으면…….
그 드라마에 나오는 주인공이 제 남자 친구였으면 했어요.

문법 2

V-(으)려야 V-(으)ㄹ 수(가) 없다

마리오 씨는 하도 거짓말을 잘 해서 믿으려야 믿을 수가 없어요.
아무리 먹으려고 해도 너무 매워서 먹으려야 먹을 수 없어요.
다리가 아파서 빨리 가려야 갈 수 없으니까 조금만 더 기다려 주세요.

가 : 연극 표가 있는데 이번 주말에 같이 갈래요?
나 : 저도 같이 가고 싶은데 부모님께서 한국에 오셔서 시간을 내려야 낼 수 없어요.

연습해 보세요 1

막내 동생이 있으면 신경쓸 일이 많다

가 : 막내 동생이 있었으면 해요.

나 : 왜요? 막내 동생이 있으면 신경쓸 일이 많아서 쉬려야 쉴 수가 없어요.

가 : .

나 : .

① 복권에 당첨되면 주변 사람들에게 연락이 온다

② 연예인이 되면 유명세가 따른다

③ ?

문법 3

V-(으)ㄴ/는다는 것이/게

남자 친구에게 전화를 한다는 것이 아버지께 잘못 걸었어요.

커피를 타면서 뜨거운 물을 넣는다는 것이 차가운 물을 넣었어요.

친구랑 차 한잔 마시고 들어온다는 게 세 시간이나 지났더라고요.

가 : 책을 산다는 게 깜빡 잊고 또 그냥 왔어!

나 : 걱정하지마. 내일 서점에 가는 김에 사다 줄게.

연습해 보세요 2

요거트를 한 개만 사려고 했는데 '2+1'이라서 세 개나 샀다

가 : 요거트를 세 개나 샀어요?
나 : 한 개만 산다는 것이 '2+1'이라서 더 사게 되었어요.

가 : .
나 : .

① 게임을 한 시간만 할 생각이었는데 재미있어서 다섯 시간이나 했다
② 포도잼을 두 병만 만들 계획이었지만 포도가 많아서 일곱 병이나 만들었다
③ ?

문법 4

V-고도

크리스 씨는 나를 보고도 못 본 척 했다.
감기에 걸려서 그렇게 고생을 하고도 또 짧은 치마를 입었어요?
마리오 씨는 내 편지를 읽고도 답장을 안 썼어요.

가 : 오! 딸기 케이크네요! 이 케이크를 제가 먹어도 괜찮아요?
나 : 그렇게 먹고도 또 먹을 수 있어요?
가 : 네. 요즘은 아무리 먹어도 계속 먹고 싶어요.

▷ V-고도 남다

안내 방송을 잘 들었다면 가방을 찾고도 남았을 거예요.
한 달 용돈이 백만 원이면 충분히 쓰고도 남을 거예요.

연습해 보세요 3

애니 씨는 툭하면 결석해서 선생님께 혼난다
가 : 애니 씨가 또 결석했어요?
나 : 네. 선생님께 혼나고도 오늘도 학교에 안 왔어요.

가 : ____?
나 : ____.

① 리에 씨는 쇼핑을 자주 해서 용돈을 다 썼다
② 마리오 씨는 축구를 하다가 다리를 다쳤다
③ ?

문법 5

N(이)란

성공이란 내가 이루고 싶은 꿈을 이루는 것이라고 생각해요.
김치란 한국 최고의 반찬으로써 없어서는 안 되는 음식이에요.
선생님이란 나를 바른 곳으로 이끌어 주는 분이세요.

가 : 학교란 어떤 곳일까요?
나 : 학교란 미래를 꿈꿀 수 있는 곳이에요.

문법 6

N(으)로 여기다/보다/느끼다/생각하다

우리 할머니께서는 저를 아직도 어린 아이로 여기세요.

마리오 씨는 삼십 년 동안 한국에서 살았으니까 한국 사람으로 봐도 돼요.

그 사람은 저를 친구로 생각하기 때문에 우리는 연인이 되기는 어려울 것 같아요.

가 : 토론할 때 주의할 점은 어떤 것이 있습니까?

나 : 다른 사람의 의견은 틀린 것으로 생각하고 자신의 의견만 맞는 것으로 여기는 것은 옳지 않습니다.

연습해 보세요 4

가족

가 : 가족이란 무엇일까요?

나 : 작은 문제도 함께 해결할 문제로 여기는 사람이라고 생각합니다.

가 : ______________________________?

나 : ______________________________.

① 친구

② 사랑

③ ?

연습해 보세요 5

A/V-았/었으면 (하다)	V-(으)려야 V-(으)ㄹ 수(가) 없다	
V-(으)ㄴ/는다는 것이/게	V-고도	N(이)란
N(으)로 여기다/보다/느끼다/생각하다		

(집) ______________ 하루의 피로를 풀고 편하게 쉬는 곳인데…….

내 방은 너무 시끄럽다. 나는 내 방에서 (쉬다) ______________________ 내 옆방의 사람들은 밤새도록 시끄럽게 (떠들다) ______________ 미안하다는 사과 한 마디 안 한다. 도저히 참을 수가 없어서 몇 번이나 조용히 해 달라고 이야기했지만 계속 시끄럽게 떠든다. 주말은 그렇다고 해도 평일에는 나도 조용히 (쉬다) ______________

어젯밤에도 (일찍 자다) ______________________ 너무 시끄러워서 결국 새벽 한 시를 넘기고 말았다. 옆방 사람들은 나를 없는 사람이거나 아주 (착한 사람) ______________________ 오늘도 나는 피로가 쌓여 간다.

본문

- 여러분은 어떤 집에서 살고 싶습니까?

스테파니 : 크리스 씨는 어떤 집에 살고 싶어요?

크 리 스 : 글쎄요. 집이란 그냥 편하게 쉴 수 있는 곳이 아닐까요? 스테파니 씨는 어떤 집에서 살고 싶은데요?

스테파니 : 저는 마당이 있는 집에서 살고 싶어요. 저는 꽃이랑 강아지를 키웠으면 하거든요. 아파트에서는 강아지를 키우려야 키울 수도 없잖아요. 그리고 집도 좀 넓었으면 하고요. 서재도 있었으면 좋겠고 거실에서 영화도 봤으면 해요.

크 리 스 : 스테파니 씨는 정말 큰 집이 필요하겠어요. 집은 혼자 지내기에 적당한 크기면 된다는 게 제 생각이에요. 집이 넓으면 청소하기도 힘들고요. 지금도 작은 방에 살지만 매일 청소한다는 것이 그냥 넘어가기 일쑤예요.

스테파니 : 그래도 집에 누가 놀러 올 수도 있는데 집이 너무 좁으면 불편하지 않아요?

크 리 스 : 저는 집을 저 혼자만의 공간으로 꾸미고 싶어요. 친구는 밖에서 만나면 되지요.

스테파니 : 남자들은 이렇다니까요. 그건 집이 아니라 방이지요.
집이란 가족 모두가 편하게 지내야 하는 곳이에요. 그러니까 넓어야 한다고요.

크 리 스 : 우리 이러다가 싸우겠어요. 그만하고 다른 이야기해요. 우리가 당장 집을 살 것도 아니잖아요. 누가 들으면 우리 둘이 결혼하는 것으로 오해하겠어요.

스테파니 : 그런가요? 그래도 친구들에게 물어보세요. 모두 제 말이 맞다고 할 걸요.

1. 스테파니 씨가 살고 싶어하는 집은 어떤 집입니까?

2. 크리스 씨에게 집이란 어떤 공간입니까?

3. 집의 크기를 중요하게 생각하는 사람은 누구입니까? 왜 그렇습니까?

4. 여러분은 누구의 생각이 맞다고 생각하십니까? 집에 대한 여러분의 생각을 이야기해 보세요.

듣기

1. 미래의 세상에 대해 예상하는 것이 아닌 것을 고르십시오.

① 직접 사람을 만날 필요가 없을 것이다.

② 과학이 발전한 탓에 좋은 공기는 마실 수 없다.

③ 지하도가 생겨서 건물 밖으로 나가지 않아도 될 것이다.

④ 집이 더욱 편리하고 편안한 곳으로 발전할 것이다.

2. 토린 씨와 애니 씨는 미래에 어떤 기술이 발전할 것이라고 생각합니까?

토린	
애니	

3. 앞으로 어떤 형태의 집이 생길까요? 여러분의 생각을 이야기해 보세요.

날개를 달자!!

형태 form
발전하다 develop
증강 현실 Augmented Reality
3차원 three dimensional
겹치다 overlap
속마음 one's innermost feelings
공기청정기 air cleaner
가상현실 virtual reality
현실 세계 real world
영상 image
수시로 frequently

이야기해 보세요

1. 여러분은 어떤 집에서 살고 있습니까? 여러분의 집과 방에 대해 이야기해 보십시오.

애　니 : 크리스 씨, 고향에 있을 때 어떤 집에 살았어요?
크리스 : 창문을 열면 바다가 보이는 2층집이었는데 부모님은 1층을 쓰셨고 제 방은 2층에 있었어요. 애니 씨는요?
애　니 : 저는 어릴 때부터 아파트에 살았어요.
크리스 씨의 집처럼 2층집에 살았으면 했지요.
드라마나 영화를 보면 주택은 아이들이 뛰어놀고도 남는 넓은 마당이 있잖아요. 다락방같이 특별한 장소도 있고요.
크리스 : 그렇군요. 저는 아파트에 살았으면 했는데…….

2. 아파트와 주택의 장점과 단점, 개선점을 써 보세요.

	장점	단점	개선점
아파트			
주택			

3. 여러분이 살던 집에 대해 이야기해 보세요.

읽기

- 여러분의 나라에는 어떤 형태의 집이 있습니까?

요즘은 아파트가 많아져서 전통 가옥을 보려야 볼 수 없다. 박물관이나 민속촌에 가야 전통 가옥을 볼 수 있다. 전통 가옥은 각 나라의 환경과 고유한 문화를 지니고 있어서 생생한 삶의 모습을 보여 준다.

1. 물 위에 집을 짓는다 – 수상 가옥

미얀마 동북부에 있는 인레(Inle) 호수의 사람들은 이곳에서 평생을 산다. 이들은 호수의 자손 인타(Intha)족이다. 인타족은 물 속에 기둥을 세우고 그 위에 벽을 쌓아 만든 수상 가옥에서 살면서 호수 위에 떠 있는 땅인 쭌묘에서 농사를 짓는다.

2. 땅속에도 집이 있다 – 지하 마을

튀니지 가베스 주에는 마트마타 마을이 있다. 이 마을은 1967년 큰 홍수로 발생한 피해 상황을 조사하다가 우연히 외부에 알려진 곳으로 세계에서 가장 큰 지하 마을이다. 오래 전 전쟁이 났을 때 도망친 사람들이 건설했다는 이야기가 전해진다. 땅을 거대한 우물처럼 깊게 판 다음 그 옆으로 구멍을 파서 사람이 살 수 있는 집과 외양간, 창고 등을 만들었다.

3. 집이란 내가 서 있는 바로 이곳이다 – 유르트

유르트란 중앙아시아 지역에서 유목민들이 만든 이동식 집을 말한다. 높이 1.2m의 원통형 벽과 둥근 지붕으로 되어 있다. 벽과 지붕은 나뭇가지를 이용하여 세우고 그 위에 천을 씌워서 만들기 때문에 이사할 때 분해를 하고도 쉽게 조립할 수 있다.

1. 글의 내용과 다른 것을 고르세요.

① 지하 마을을 유르트라고 부른다.

② 인타족은 호수에서 일생을 살아간다.

③ 전통 집은 각 나라의 고유한 환경을 가지고 있다.

④ 마트마타 마을에서 사람뿐만 아니라 동물도 살 수 있다.

2. 지하 마을은 어떻게 만들어졌습니까?

3. 여러분이 알고 있는 독특한 집은 무엇입니까?

날개를 달자!!

전통 가옥 traditional house	미얀마 Myanmar
동북부 east-northern	자손 descendant
뜨다 float	쭌묘 Floating island
튀니지 Tunisia	가베스 주 Gover norate
마트마타 마을 Matmate village	홍수 deluge
피해 damage	외부 outside
외양간 barn	유르트 yurt
중앙아시아 Central Asia	유목민 nomad

쓰기

- 여러분은 어떤 곳에 어떤 집을 짓고 싶습니까?

1. 여러분이 짓고 싶은 집에 대해 이야기해 보세요.

위치	
형태	
내부 구조	
실내장식	
기타	

2. 여러분은 이 집에서 누구와 함께 어떻게 지내고 싶습니까?

06

인생 계획을 세우고 나니 삶의 목적이 뚜렷해졌어요.

- 학습목표 : 행복한 삶에 대해 이야기하고 인생 계획을 세울 수 있다.
- 기　　능 : 분석하기, 제안하기
- 문　　법 : A/V-던데, V-았/었던데, N(에) 못지않게, V-듯(이), V-고 나니(까), N에 의해(서)/의한, A/V-(으)ㅁ

여러분이 꿈꿔 온 인생에 대해 이야기해 보세요.

여러분은 어떤 인생을 꿈꾸고 있나요?
여러분은 언제 행복을 느끼나요?
행복한 인생이란 어떤 것일까요?

어휘와 표현

명사

공연

기타리스트 guitarist
무용수 dancer
이미지 image
심사위원 judges
현장 field
청중 audience
반응 response
주위 surrounding
첫인상 first impression

문제 해결

진땀 sweat hard
부작용 side effect
범죄 crime
투표 voting

기타

로봇 robot
상온 room temperature
자동화 automation
대기업 major company
식물 plants
연구원 researcher
기술자 technician
경영 management
탁구 ping-pong table tennis
외국어 foreign languagge
합계 total
수상자 winner
경제 economy
월급 salary

동사

건설

안정되다 stability
개발하다 develop
공사하다 do construction work

기타

변질되다 spoil
저지르다 commit
움직이다 move
예상하다 expectation
비교하다 compare
꿈꾸다 dream
처벌받다 be punished

형용사

훌륭하다 excellent
진지하다 earnest
화목하다 harmonious
확실하다 certain

부사

싱글벙글 with a broad smile

표현

공연

ARS audio response system
자기 소개서 a letter of self-introduction
학업 계획서 academic plan
긴장이 풀리다 undergo relaxation
바람을 쐬다 expose oneself to the wind

직업

한숨을 쉬다 sigh
적성에 맞다 that's right for (me/anyone)
보람을 느끼다 worthwhile
수입이 보장되다 income ensured
전망이 밝다 having a bright future

기타

냉장 보관 cold storage
행복 리스트 happiness list
무지개가 뜨다 rainbow in the sky
화상을 입다 get scalded
처방을 받다 get prescription
선을 보다 see each other with a view to marriage

더 배워 봅시다.

진땀을 흘리다 : 긴장하거나 매우 힘들어한다
눈코 뜰 새 없다 : 아주 바빠서 시간이 없다
입 에 쓴 약이 몸에 좋다 : 충고는 듣기 싫지만 도움이 된다

예) 리 우 팅 : 마리오, 잘 지냈어? 오랜만이다.
마 리 오 : 오랜만이야. 너도 잘 지내지?
리 우 팅 : 나는 요즘 대학교 입학 준비 때문에 **눈코 뜰 새 없이** 바빠. 그래서 어제도 예습을 못하고 들어갔는데 선생님께서 나에게 갑자기 어려운 질문을 하는 바람에 **진땀을 흘렸어.**
마 리 오 : 그래? 정말 당황했겠다.
리 우 팅 : 응. 그리고 선생님께도 잔소리를 들어서 정말 속상했어.
마 리 오 : **입에 쓴 약이 몸에 좋다고** 선생님 말씀에 너무 속상해 하지 마.

문법 1

A/V-던데, V-았/었던데

리에 씨는 외국어를 잘 하던데 크리스 씨는 잘 못하더라고요.

지난주에 먹은 닭갈비가 맛있던데 오늘 저녁은 그 식당에서 먹을까요?

어제 보니까 제주도에서 찍은 사진이 잘 나왔던데 나도 한 장 주면 안 돼요?

가 : 올라오면서 보니까 일 층에서 공사를 하던데 시끄럽지 않나요?

나 : 시끄럽기는 한데 참을 만해요.

문법 2

N(에) 못지않게

내 동생은 가수 못지않게 노래를 잘해요.

대학로는 평일도 주말 못지않게 사람이 많아요.

이 스카프는 목도리에 못지않게 따뜻해요.

가 : 20년 뒤에 어떻게 살고 싶어요?

나 : 좋은 직업을 가지고 돈을 많이 벌고 싶어요.

가 : 그래요? 살면서 직업이나 돈에 못지않게 중요한 것이 얼마나 많은데요.

연습해 보세요 1

동생은 기타 연주를 듣고 따라했다
가 : 동생이 기타를 잘 치던데 배운 거예요?
나 : 아니요. 기타 연주를 듣고 따라하더니 기타리스트에 못지않게 잘 치더라고요.

가 : ?
나 : .

① 크리스 씨는 매일 탁구 연습을 했다
② 리에 씨는 매일 전시회에 가서 그림을 봤다
③ ?

문법 3

V-듯(이)

그 무용수는 한 마리 새가 날듯이 가볍게 몸을 움직였다.
친구들과 농구를 하면 땀이 비 오듯 흐른다.
리우팅 씨는 잘난 척을 밥 먹듯이 해요.

가 : 말하기 대회를 하는데 너무 긴장해서 큰일이야.
나 : 긴장하지 마. 친구들에게 이야기하듯이 편하게 하면 될 거야.

▷ V-(으)ㄴ/는/(으)ㄹ 듯(이), A-(으)ㄴ 듯(이)
마리오 씨와 애니 씨는 물건을 던지며 헤어질 듯이 싸웠어요.
시험지를 받은 학생들은 어려운 듯이 한숨을 쉬었다.

연습해 보세요 2

마리오 씨가 뛰는 것처럼 빠르게 걸어간다

가 : 마리오 씨가 뛰듯이 빠르게 걸어가던데 무슨 일 있어요?
나 : 고향에서 부모님이 오셔서 그런가 봐요.

가 : ____________________?
나 : ____________________.

① 애니 씨가 물을 쓰는 것처럼 돈을 쓴다
② 크리스 씨가 기분이 좋은 것처럼 싱글벙글 웃는다
③ ?

문법 4

V-고 나니(까)

밥을 먹고 나니까 배가 불러서 아무 일도 하기 싫어요.
소나기가 그치고 나니 하늘에 예쁜 무지개가 떴어요.
이야기를 듣고 나니 왜 급히 나갔는지 알겠어요.

가 : 면접도 끝났는데 바람이라도 쐬러 갈까?
나 : 글쎄. 면접을 보고 나니까 긴장이 풀려서 피곤해.

연습해 보세요 3

쇼핑을 해서 옷장에 예쁜 옷들이 많아졌다
가 : 기분이 좋아 보이는데 무슨 일 있어요?
나 : 쇼핑을 하고 나니까 옷장에 예쁜 옷들이 많아져서 그래요.

가 : ______________________________?
나 : ______________________________.

① 친구와 이야기를 해서 고민이 해결되었다
② 취업에 성공해서 행복하다
③ ?

문법 5

N에 의해(서)/의한

모든 일은 자신의 노력에 의해서 결과가 달라지니까 열심히 하세요.
범죄를 저지른 사람은 법에 의해 처벌받게 된다.
컴퓨터와 로봇에 의한 자동화로 세상의 변화가 빨라졌다.

가 : 내일 선을 보는데 어떤 옷을 입으면 좋을까요?
나 : 첫인상에 의해서 이미지가 달라질 수 있으니까 정장을 입지 그래요?

연습해 보세요 4

심사위원 점수, ARS 합계, 현장 투표 등으로 오디션의 1등이 결정된다

가 : 오디션에서 1등은 어떻게 결정됩니까?
나 : 심사위원의 점수와 ARS 합계, 현장 투표 등에 의해서 결정됩니다.

가 : ____?
나 : ____.

① 자기소개서, 학업 계획서, 면접 점수 등으로 합격이 결정된다
② 내용, 태도, 청중 반응 등으로 말하기 대회 수상자가 뽑힌다
③ ?

문법 6

A/V-(으)ㅁ

시험 중에는 휴대폰을 사용할 수 없음.
경제가 발전함에 따라 사람들의 생활도 편해졌습니다.
얼굴 표정을 보니까 그 사람도 고민하고 있음을 알 수 있었다.

연습해 보세요 5

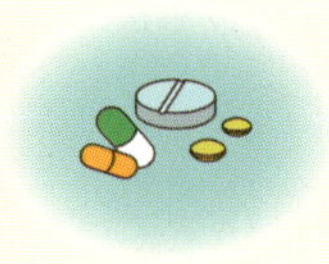

부작용이 생길 수 있으며 의사의 처방을 받아야 한다

부작용이 생길 수 있음. 의사의 처방을 받아야 함.

①

상온에서는 변질될 수 있으며
냉장보관을 해야 한다

②

화상을 입을 수 있으며
옷 위에 붙여야 한다

③ ?

연습해 보세요 5

A/V-던데, V-았/었던데	N(에) 못지않게	V-듯(이)
V-고 나니(까)	N에 의해(서)/의한	A/V-(으)ㅁ

오늘 수업 시간에 행복하게 사는 방법에 대해 이야기를 했다. 선생님께서는 '행복하게 살기 위해서 해야 할 일'에 대해 메모해 오라고 하셨다.

〈행복하게 살기 위해서 해야 할 일〉

1. 적성에 맞는 일을 할 때 행복함.
   (나의 선택) ________ 미래가 (달라질 수 있다) ________
2. 돈을 버는 (것) ________ 꿈을 이루는 것이 중요함.
3. 키우는 식물들에게 매일 (물을 주다) ________ 가까운 사람들에게도 자주 연락해야 함.

메모를 하기 전에는 행복하게 살기 위해 해야 할 일들이 어렵게 느껴졌다. 그런데 이렇게 (쓰다) ________ 생각보다 어렵지 않은 것 같다. 며칠 전에 친구가 나에게 (메일을 보내다) ________ 오늘은 그 친구에게 전화를 해 봐야겠다.

본문

- 여러분은 어떤 인생을 살고 싶습니까?

크 리 스 : 스테파니 씨는 앞으로 어떻게 살고 싶어요?

스테파니 : 글쎄요. 재미있고 행복하게 살면 좋겠어요.

크 리 스 : 구체적으로 생각해 본 적이 있어요?

스테파니 : 글쎄요. 성공한 사업가가 되고 화목한 가정을 만들고……. 크리스 씨는 어떻게 살고 싶은데요?

크 리 스 : 저도 확실한 계획은 아직 없어요. 그런데 부모님은 제가 훌륭한 의사가 되기를 바라셔서 지금까지 부모님의 생각대로 살아왔어요. 하지만 부모님에 의해서 미래를 결정하고 싶지는 않아요. 그래서 미래에 대해 설계해 보려고요. 여기에서 가장 중요한 것은 제 꿈과 목표를 구체적으로 생각해야 하는 거예요.

스테파니 : 너무 어렵게 생각하지 말아요. 행복하게 사는 일은 그렇게 특별한 일이 아니에요. 나와 주변 사람들이 항상 웃을 수 있고 하는 일에 보람을 느끼면서 사는 것이 행복하게 사는 것이 아닐까요?

크 리 스 : 스테파니 씨의 말을 듣고 나니까 내가 원하는 인생이 무엇이고 어떤 준비를 해야 할지 무슨 일을 할 때 행복한지 생각해 보게 되네요.

스테파니 : 이번 기회에 진지하게 잘 생각해 보세요. 열심히 사는 것 못지않게 자기 자신에 대해서 정확하게 아는 것도 중요해요.

크 리 스 : 알겠어요. 고마워요.

1. 크리스 씨는 지금까지 어떻게 살아왔습니까?

2. 크리스 씨는 어떤 고민을 하고 있습니까?

3. 미래를 설계하는 데에 가장 중요한 것은 무엇입니까?

4. 여러분이 생각하는 미래에 대해 친구들과 이야기해 보세요.

듣기

1. 맞으면 O, 틀리면 X 하세요.

① 미래에는 환경의 변화를 예상하는 직업이 생길 것이다. ( )

② 경제가 발전하면 공무원이나 선생님 같은 직업이 인기가 있다. ( )

③ 미래에는 과학이 발전해서 연구원이나 기술자가 줄어들 것이다. ( )

2. 미래에 인기가 있을 직업이 아닌 것은 무엇입니까?

① 수입이 안정적인 직업

② 도시를 설계하는 직업

③ 새로운 에너지를 연구하는 직업

④ 회사 경영에 도움을 주는 직업

3. 다음 시간에 이어질 내용은 무엇입니까?

① 인기 있는 직업에 관한 내용

② 전망이 밝은 직업에 관한 내용

③ 미래에 개발될 기술에 관한 내용

④ 노인들을 돌보는 직업에 대한 내용

4. 여러분은 어떤 직업을 갖고 싶습니까?

날개를 달자!!

과거 the past	석유 petroleum
에너지 energy	설계하다 design
재난 disaster	현재 the present
고령화 aging	실버 silver
지혜 wisdom	전문적 specialized

이야기해 보세요

1. 여러분은 언제 행복합니까? 여러분에게 행복이란 무엇입니까?
   여러분이 생각하는 행복의 조건에 대해서 이야기해 보세요.

   리우팅 : 애니 씨에게 행복이란 뭐예요?
   애　니 : 행복이란 스트레스를 받지 않고 즐겁게 사는 것이라고 생각해요.
   리우팅 : 저는 대기업 사장님 못지않게 돈을 많이 벌어서 물 쓰듯이 써 보면 행복할 것 같아요. 그리고…….

2. 여러분이 생각하는 행복은 무엇입니까?

어떤 사람과 있을 때 행복합니까?	
무엇을 할 때 행복합니까?	

3. 행복의 조건에 대해 이야기해 보세요.

읽기

- 여러분은 어떻게 사는 것이 행복하게 사는 것이라고 생각합니까?

사람들은 누구나 행복하게 살기를 바랍니다. 행복하게 사는 방법을 찾기 위해 서점에서 책도 읽어 보고 자신만의 행복 리스트를 써 보기도 합니다.

사람들은 '후회하지 않는 것이 행복인 것 같아요.', '건강한 것이 행복이지요.', '가족과 함께 지내는 것이 행복입니다.', '돈이 많으면 행복한 것 같아요.' 등등 다양한 생각을 하고 있습니다.

그런데 평소에 사람들이 행복하다고 느끼지 못하는 이유는 무엇이라고 생각합니까? 가장 큰 이유는 다른 사람과 비교하기 때문입니다. '저 사람은 좋은 회사에 다니고 월급도 많던데 나는 왜 조금밖에 못 받지?', '저 사람은 크고 좋은 차를 타던데 내 차는 왜 이렇게 작지?' 이런 생각들을 하면 현재에 만족을 하지 못하고 미래의 행복만을 꿈꾸게 됩니다.

행복은 스스로의 생각에 의해서 결정됩니다. 행복하다고 생각하면 할수록 행복해지지만 불행하다고 생각하면 점점 더 불행해지는 것입니다.

자, 여러분! 행복을 먼 곳에서 찾지 말고 여러분 주위에서 찾아봅시다. 그리고 나의 행복에 못지않게 다른 사람의 행복도 중요하므로 다른 사람들과 함께 행복을 느껴보는 것도 좋은 방법입니다.

지금 내 옆의 사람들과 내가 하는 일들을 소중하게 생각하면서 살면 행복하게 살 수 있습니다.

1. 위의 내용과 다른 것을 고르십시오.

① 행복은 가까이에 있다.

② 사람들이 생각하는 행복은 모두 다르다.

③ 세상에서 가장 중요한 것은 나의 행복이다.

④ 다른 사람과 비교하는 것은 행복하지 않은 방법이다.

2. 사람들이 평소에 행복하다고 느끼지 못하는 이유는 무엇입니까?

3. 여러분은 언제 행복하다고 느낍니까?

쓰기

- 여러분은 인생에서 가장 중요한 것이 무엇이라고 생각하십니까?

1. 직장인들이 인생에서 가장 중요하다고 여기는 것이 무엇일까요?

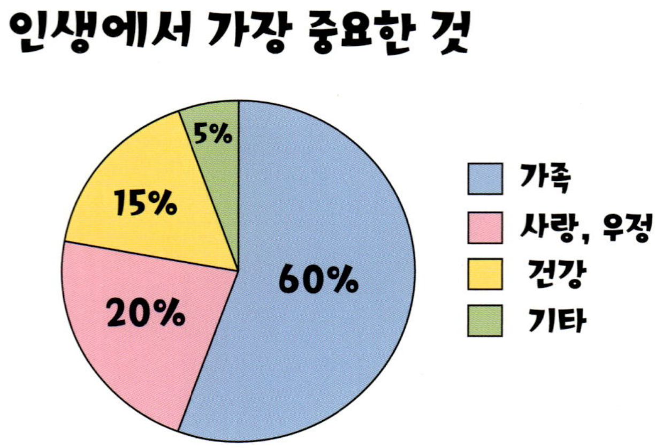

미래연구소에서는 직장인 남녀 100명을 대상으로 인생에서 가장 중요한 것이 무엇인지에 대해 조사했다. 조사 결과에 따르면 가족이 가장 중요하다고 답한 응답자가 60%로 가장 많았다. 다음으로 사랑과 우정이 20%였으며 건강은 15%로 나타났다. 그 밖에 기타 의견으로는 행복, 돈, 명예 등이 있었다. 조사 결과를 통해 나보다 가족을 생각하는 사람이 더 많다는 것을 알 수 있었다.

2. 인생에서 가장 중요한 것이 무엇인지 조사해 보세요.

친구 이름	인생에서 가장 중요한 것	이유

3. 위에서 조사한 내용을 바탕으로 그래프를 만들고 글을 써 보세요.

제목 :

날개를 달자!!

직장인 worker
명예 honor
그래프 graph
응답자 respondent
기타 the other

memo*

07

열심히 연구한 끝에 새로운 기술을 개발해 냈어요.

- 학습목표 : 최신 기기에 관한 생각과 미래의 모습에 대해 이야기할 수 있다.
- 기　　능 : 주장하기, 예측하기
- 문　　법 : V-(으)ㄴ 끝에, V-아/어 내다, N(으)로, V-고자 V, V-는 법이 없다, A/V-(으)ㄴ/는 것에/데(에) 반해(서)

30년 뒤의 세상은 어떻게 바뀔까요?

여러분이 사용하는 최신 기기는 어떤 것들이 있나요?
앞으로 어떤 기술이 개발될까요?
어떤 물건이 만들어지면 편리할까요?

어휘와 표현

명사

의료
일회용 disposable
과학자 scientist
반창고 band-aid
붕대 bandage
과학 science

경제
대량 large quantity
활기 energy
제조업 manufacturing business
비밀번호 password
정부 government
경제적 economical

기타
폐허 ruin
견해 opinion
보폭 stride
창의적 creative
발명가 an inventor
오랫동안 for ages
발명품 invention
성공적 successful
한동안 for quite a time
아이디어 idea
폭염 heat wave
폭설 heary snow
기초 basics
불모지 wasteland

동사

일
시도하다 make an attempt
수행하다 execute
멈추다 stop

취업
입사하다 join a company
진열되다 be on display
헤매다 wander
다루다 deal
갖추다 prepare

기타
우려내다 brew up
수소문하다 ask around
발달하다 develop
등장하다 appear

형용사

기름지다 fertile
유용하다 useful

부사

또다시 again
머지않아 soon
밤낮없이 night and day

표현

사회

청년 실업 youth unemployment
웹 서핑 web surfing
태블릿 PC tablet PC
최신 기기 newer gadgets
질을 높이다 raise quality
성과를 내다 make a result

기타

욕심을 내다 make greed
감정을 읽다 read emotion

더 배워 봅시다.

눈독을 들이다 : 욕심을 내서 가지고 싶은 것을 쳐다본다
쥐도 새도 모르게 : 아무도 모르게 일을 해결한다

예) 리 에 : 마리오 씨, 학교 앞에 있던 옷 가게 본 적 있어요?
마리오 : 옷 가게요? 모르겠는데요.
리 에 : 얼마 전 빵집이 없어지고 그 자리에 생긴 옷 가게요. 진열된 옷이 예뻐서 **눈독을 들이고** 있었는데 어제 집에 가는 길에 보니까 옷 가게가 안 보여서요.
마리오 : **쥐도 새도 모르게** 생기더니 **쥐도 새도 모르게** 없어졌네요. 주말에 DK 쇼핑몰에 가 봅시다. 디자인이 다양한 옷들이 많을 거예요.

문법 1

V-(으)ㄴ 끝에

그 사람은 오랫동안 노력한 끝에 발명품을 완성했다.
몇 달 동안 고민한 끝에 한국에 유학을 가기로 했다.
어제 본 영화는 잃어버린 가족을 찾아 헤맨 끝에 만나게 되는 내용입니다.

가 : 공연은 잘 마쳤어요?
나 : 몇 달 동안 고생하면서 준비한 끝에 성공적으로 마쳤어요.

▷ N 끝에

'고생 끝에 낙이 온다.'는 말이 있으니까 지금 힘들어도 참고 열심히 하세요.
10번의 프러포즈 끝에 두 사람은 결혼을 했다.

문법 2

V-아/어 내다

오랜 연구 끝에 암을 치료하는 약을 개발해 냈다.
48시간 동안 우려낸 사골 국물로 설렁탕을 만들어 냈어요.
한동안 사용하지 않던 인터넷 사이트의 비밀번호를 기억해 냈다.

가 : 일회용 반창고가 어떻게 만들어졌는지 알아요?
나 : 알지요. 다쳤을 때 상처에 쉽게 붙일 수 있는 붕대를 생각하다가 만들어 냈잖아요.

연습해 보세요 1

7번을 시도해서 합격을 했다

가 : 드디어 합격했군요!

나 : 7번을 시도한 끝에 결국 해 냈어요.

가 : ______________________________.

나 : ______________________________.

① 10시간을 수소문해서 아이를 찾았다

② 5년 동안 연구해서 씨 없는 수박을 만들었다

③ ?

문법 3

N(으)로

날씨가 추워서 물이 얼음**으로** 변했어요.

치마가 너무 짧아서 바지**로** 바꿔 입었어요.

활기차던 거리가 지진 때문에 폐허**로** 변해 버렸습니다.

가 : 강의실에 왜 아무도 없어요?

나 : 강의실이 4층에서 3층**으로** 바뀌었어요.

문법 4

V-고자 V

새로운 과학 기술에 대해 박사님의 견해를 듣고자 합니다.
우리는 이 연구를 지난 몇 년 동안 성공시키고자 노력해 왔습니다.
정부는 청년 실업 문제를 해결하고자 최선을 다하고 있습니다.

가 : 우리 회사에 입사하면 무엇을 하고 싶습니까?
나 : 창의적이고 새로운 아이디어로 아이들에게 유용한 제품을 개발하고자 합니다.

연습해 보세요 2

오염된 환경을 깨끗하게 만든다
가 : 토론 주제가 무엇입니까?
나 : 오염된 환경을 깨끗한 환경으로 만들기 위한 방법에 대해 토론하고자 합니다.

가 : ______________________________ ?
나 : ______________________________ .

① 불모지를 기름진 땅으로 만든다
② 쓰레기를 예술 작품으로 만든다
③ ?

문법 5

V-는 법이 없다

리우팅 씨는 하루도 일찍 오는 법이 없어요.
크리스 씨는 아무리 피곤해도 안 씻고 자는 법이 없어요.
리에 씨는 케이크를 좋아해서 빵집을 그냥 지나가는 법이 없어요.

가 : 마리오, 오늘은 또 뭘 안 가지고 왔어?
나 : 오늘은 책이야. 분명히 가방에 넣은 것 같았는데…….
가 : 어제는 지갑, 오늘은 책, 하루도 제대로 가지고 오는 법이 없구나!

연습해 보세요 3

아이가 자주 감기에 걸린다
가 : 아이가 또 감기에 걸렸어요?
나 : 네. 면역력이 약해서인지 감기에 안 걸리는 법이 없어요.

가 : ______________________________?
나 : ______________________________.

① 사람들은 설날에 대부분 고향에 간다
② 애니 씨가 오늘도 빈손으로 왔다
③ ?

문법 6

A/V-(으)ㄴ/는 것에/데(에) 반해(서)

백화점의 물건은 예쁜 데 반해서 가격이 비쌉니다.
그 식당은 음식이 맛있는 데 반해 서비스는 좋지 않아요.
과학 기술이 발달하면서 생활이 편리해진 것에 반해 여러 가지 문제점도 생겼습니다.

가 : 최근 한국의 기후 변화에 대해 말씀해 주시겠습니까?
나 : 봄과 가을이 짧아지는 데에 반해 여름과 겨울이 길어지면서 폭염과 폭설 등 이상 기후를 보이고 있습니다.

연습해 보세요 4

새 집은 학교에서 가깝다
가 : 새로 이사한 집이 어때요?
나 : 학교에서 가까운 데 반해 집값이 비싸요.

가 : ______________________________?
나 : ______________________________.

① 우리 부모님은 성격이 다르다
② 인터넷 쇼핑몰은 가격이 저렴하다
③ ?

연습해 보세요 5

V-(으)ㄴ 끝에	V-아/어 내다	N(으)로
V-고자 V	V-는 법이 없다	A/V-(으)ㄴ/는 것에/데(에) 반해(서)

'휴보(Hubo)'는 한국에서 개발한 인간 형태의 로봇으로 휴머노이드(Humanoid)와 로봇(Robot)의 합성어이다. 한국과학기술원에서는 2002년에 인간형 로봇 개발을 시작하여 2004년 국내 최초로 두발로 걷는 '휴보'를 만들었다. 그 뒤를 이어 (연구하다) ______________ 개발한 로봇이 '휴보2'이다.

'휴보'는 키 120㎝, 몸무게 55㎏에 보폭 35㎝로 아장아장 (걷는다) ______________ '휴보2'는 걷는 것은 물론이고 시속 3.6㎞로 달리는 것도 가능해졌다. 뿐만 아니라 가위, 바위, 보도 할 수 있고 춤도 출 수 있다. 하지만 과학자들의 연구는 (멈추다) ______________

KAIST 연구팀에 따르면 휴보는 집안일을 도와주는 로봇, 노인의 치매를 예방하는 로봇, 인간의 감정을 읽을 수 있는 (로봇) ______________ 발전하고 있다고 한다. 또한 의료, 교육 등 지금보다 더 다양한 기능을 갖춘 로봇을 (개발하다) ______________ 밤낮없이 연구하고 있다. 앞으로 이런 연구가 계속된다면 머지않아 다양한 능력을 갖춘 로봇을 (만들다) ______________ 것이라고 믿는다.

날개를 달자!!

한국과학기술원 KAIST	합성어 compound
아장아장 toddling	시속 speed per hour
치매 Alzheimer's (disease)	

본문

- 미래의 모습을 다룬 영화를 본 적이 있습니까? 기억에 남는 장면은 무엇입니까?

리우팅 : 아까 본 영화에서 기억에 남는 장면이 뭐예요?

애　니 : 저는 주인공이 지하도를 걸어가는데 광고판이 주인공을 보고 말을 거는 장면이 기억에 남아요. 정말 신기하더라고요. 리우팅 씨는요?

리우팅 : 저는 경찰들이 슈퍼맨처럼 날고 허공을 손으로 건드리기만 해도 화면이 나타나는 장면도 기억에 남아요.

애　니 : 정말 머지않아 그런 세상이 올까요? 저는 정말 기대가 돼요.

리우팅 : 저도 어느 연구소에서 오랜 연구 끝에 가정부 로봇과 노인 보호 로봇 등 다양한 로봇을 개발해 냈다는 뉴스를 들은 적이 있어요. 다양한 로봇이 개발되면 생활도 점점 편리해질 거예요.

애　니 : 하지만 편리해지는 데 반해 문제점도 생기지 않을까요? 좋은 일만 생기는 법은 없지요. 광고판이 말을 거는 장면이 신기하기는 했지만 어디서든 나를 알아보는 뭔가가 있다면 좀 무서울 것 같아요.

리우팅 : 너무 걱정하지 마세요. 나쁜 점을 고쳐 나가면 지금보다 더 좋은 세상으로 변해 가지 않겠어요?

애　니 : 그렇다면 다행이지만요. 미래에 대한 다른 영화는 없어요?

리우팅 : '너랑 나랑, 로봇'이라는 영화가 있어요. 인공지능 로봇과 사람들의 관계에 대한 이야기예요. 이 영화를 보면 인공지능 로봇에 대해 진지하게 생각해 보게 돼요.

애　니 : 정말 궁금한데요. 이번 주말에 봐야겠어요.

1. 리우팅 씨가 본 영화에서 기억에 남는 장면은 무엇입니까?

2. 애니 씨가 생각하는 문제점은 무엇입니까?

3. 영화 '너랑 나랑, 로봇'의 내용은 무엇입니까?

4. 여러분이 본 영화의 미래 모습은 어떻습니까?

날개를 달자!!

광고판 billboard
허공 empty space
가정부 housekeeper
인공지능 artificial intelligence

듣기

1. 맞으면 O, 틀리면 X 하세요.

① 과거에는 대량 생산을 할 수 없었다. (　　)

② 제조업은 개인이 할 수 있는 일이 되었다. (　　)

③ 스테파니 씨는 창업자들을 돕는 일을 하고 있다. (　　)

2. 3D 스캐너와 3D 프린터에 대한 설명으로 틀린 것을 고르세요.

① 과자나 초콜릿도 집에서 만들 수 있다.

② 아이디어만 있으면 제품을 만들 수 있다.

③ 원하는 모든 물건은 대량으로 만들어야 한다.

④ 물체의 모습을 컴퓨터에 입력하면 원하는 크기로 물체를 만들 수 있다.

3. 3D 스캐너와 3D 프린터기를 사용한 여러 가지 제품들이 만들어지고 있습니다. 미래에는 어떤 제품들이 만들어질까요?

날개를 달자!!

창업자 founder	운영하다 manage
3D 스캐너 3D scanner	3D 프린터 3D printer
입력하다 enter	설정하다 set-up
푸드 프린터 food printer	정보 기술 Information Technology
물체 object	

이야기해 보세요

1. 여러분은 최신 기기를 어떻게 이용하고 있으며 미래에는 어떤 기술이 개발되면 좋을 것 같습니까?

크 리 스 : 스테파니 씨가 자주 사용하는 최신 기기는 뭐예요?
스테파니 : 스마트폰, 태블릿 PC 정도예요.
크 리 스 : 그것으로 주로 뭘 하는데요?
스테파니 : 숙제도 하고 웹 서핑이나 쇼핑도 해요. 밤에는 영화도 보고요.
크 리 스 : 그러면 앞으로 어떤 기술이 개발되면 좋을까요?
스테파니 : 음식을 캡슐로 만들어서 간단하게 먹으면 좋겠어요. 또 실제 음식처럼 맛과 영양도 있고 포만감도 느낄 수 있으면 하고요.
크 리 스 : 제 생각에는…….

2. 여러분이 사용하는 최신 기기에 대해서 이야기해 보세요.

친구 이름	최신 기기	하는 일
크리스	스마트폰, 테블릿 PC	숙제를 한다 웹 서핑, 쇼핑을 한다 영화 감상을 한다

3. 앞으로 개발될 기술에 대해 이야기해 봅시다.

읽기

• 한국의 과학 기술은 어떻게 발전해 왔을까요?

현재 한국은 자동차, 선박, 철강 산업과 함께 생명 공학과 로봇 공학 등 첨단 과학 분야에서도 많은 성과를 내고 있다. 하지만 이러한 성과는 기초 없이 만들어지는 법이 없다. 과학 기술의 발전도 마찬가지이다.

선사시대 고분 벽화에 그려진 별자리, 삼국시대에 별을 관측했다는 기록과 경주의 첨성대는 조상들의 천문학에 대한 관심을 보여 주는 좋은 예이다. 특히 조선시대는 과학이 크게 발전한 시기이다. 세종대왕은 백성들의 삶의 질을 높이고자 여러 과학자와 함께 다양한 연구 끝에 천체, 시간, 기상을 관측하는 각종 기구를 발명했다. 특히 세계 최초로 비의 양을 측정하는 측우기를 개발해 내어 농사에 큰 도움을 주었다.

17세기 이후 정약용과 같은 과학자들에 의해서 또다시 큰 발전을 하게 되었다. 과학자들은 과거의 과학 기술에 서양의 기술을 받아들여 많은 기계를 제작하고 설계하였다. 대표적인 것이 거중기인데 이것은 무거운 물건을 쉽게 다루기 위해 만들어졌다. 거중기를 사용하기 전에는 성을 짓는 데에 오랜 시간이 걸린 것에 반해 수원 화성은 거중기를 사용하여 2년 4개월 만에 완성했다.

요즘은 다양한 기능을 수행하는 로봇이 개발되고 있다. 예를 들어 스스로 배터리를 충전할 수 있는 로봇 청소기, 빨래의 무게를 측정하여 알아서 물의 양을 조절하는 세탁기 등이 있다. 앞으로는 얼마나 멋진 기술이 개발되어 인간의 삶을 편리하게 바꿀까?

1. 위 글의 내용과 다른 것을 고르세요.

① 선사시대부터 천문학에 관심이 많았다.
② 요즘 한국은 서양 기술을 사용하고 있다.
③ 거중기는 무거운 물건을 들 수 있는 기계이다.
④ 한국의 과학 기술은 계속 발전해 나가고 있다.

2. 조선시대에 과학 기술의 발전으로 편리해진 것은 무엇일까요?

3. 과학 기술이 발전하면서 생기는 장점과 단점은 무엇입니까?

날개를 달자!!

선박 ship
생명 공학 biotechnology
고분 벽화 ancient tomb mural
별자리 constellation
기록 record
천체 celestial bodies
각종 every kind
측정하다 measure
거중기 pulley
삼국시대 the period of the three states
철강 steel
첨단 cutting edge
선사시대 prehistoric ages
관측하다 observe
천문학 astronomy
기상 weather
측우기 Rain Gauge
대표적 representative
성 castle

쓰기

- 여러분이 발명가라면 어떤 물건을 만들고 싶습니까? 어떤 기술을 개발하면 생활이 편리해질까요?

1. 여러분이 만들고 싶은 물건에 대해서 구체적으로 써 보세요.

물건	
이유	
크기	
기능	
장점	

2. 위에서 만든 물건의 모습을 그리고 소개하는 글을 써 보세요.

08

남녀평등에 관한 설문 조사 결과를 보도록 하겠습니다.

- 학습목표 : 성별에 따른 차이와 남녀 차별에 대한 토론을 할 수 있다.
- 기　　능 : 토론하기, 논증하기
- 문　　법 : V-는 길에, N에 관해(서)/관한, A/V-(으)ㄹ 법하다, N(이)라고는, N에 따르면, N롭다

여자와 남자에 대해서 이야기해 보세요.

여자와 남자는 어떻게 다를까요?
여자와 남자의 역할은 무엇일까요?
여러분은 남녀 차별을 경험한 적이 있나요?

어휘와 표현

명사

사회

승차권 ticket
남녀평등 sexual equality
바자회 rummage sale
타당성 validity
남성 male
성별 gender
관계자 concerned person
영웅 hero
사건 incident
수익금 profits
정의 righteous
여유 time to spare
해 harmful
실천 practice
발표회 recital
적성검사 aptitude test

기타

기상청 the National Weather Service
훈련 training
민속놀이 folk game
폭식 exhibition
박람회 exhibition
파노라마 panorama
유레일패스 Eurailpass
과목 subject
향기 scent
결론적 conclusive
장애 obstacle
대만 Taiwan
일화 anecdote
취향 one's preference

동사

토론

요약하다 summarize
찬성하다 agreement
인용하다 quote
다투다 argue
동의하다 agree
작성하다 make (out)
의논하다 discuss

기타

설레다 one's heart flutters
선발하다 draft
타이르다 admonish
들르다 (informal) drop by

형용사

불평등하다 unfair
평등하다 equal
고되다 arduous
간략하다 brief
진하다 dark

부사

차라리 rather
적당히 moderately

표현

사회

남녀 차별 sexual discrimination
성 역할 gender role
예능 프로그램 entertainment programs
대우를 받다 be treated
일리가 있다 have a point
주목을 받다 be to the fore

기타

예술적 감각 artistic sense
병을 일으키다 cause disease
불편을 주다 cause inconvenience

더 배워 봅시다.

눈을 감아 주다 : 남의 잘못을 못 본 척한다
주마등처럼 스쳐 지나간다 : 추억이나 기억이 파노라마처럼 지나간다
백지장도 맞들면 낫다 : 쉬운 일도 서로 도우면 더 쉬워진다

예) 최 지 영 : 저는 이번 주말에 고등학교 때 선생님을 뵈러 가기로 했어요.
스테파니 : 정말요? 선생님께서 좋아하시겠네요!
최 지 영 : 그렇겠지요? 고등학교를 졸업한 지도 벌써 십 년이 넘었는데 지금도 선생님을 생각하면 그 때 추억이 **주마등처럼 스쳐 지나가요.**
스테파니 : 선생님은 어떤 분이셨어요?
최 지 영 : 아주 따뜻한 분이셨어요. 제가 고등학교 때는 공부도 안 하고 말썽만 부렸거든요. 그럴 때마다 **눈 감아 주시기도 하고** 때로는 조용히 불러서 타이르시기도 하셨어요. 덕분에 제가 올바르게 자란 것 같아요. 그래서 보답의 의미로 선생님께 맛있는 음식을 만들어 드리고 싶어요.
스테파니 : 그래요? 지영 씨의 선생님은 무슨 음식을 좋아하세요? **백지장도 맞들면 낫다고** 제가 도와 드릴게요.

문법 1

V-는 길에

퇴근하는 길에 마트에 들러서 먹을 것을 샀어요.
집에 오는 길에 소화제 좀 사다 주세요.
친구를 만나러 가는 길에 백화점에서 생일 선물을 샀어요.

가 : 집 앞 슈퍼마켓에 가는데 뭐 필요한 것 없어요?
나 : 그럼 오는 길에 빵집에 들러서 샌드위치 좀 사다 주세요.

연습해 보세요 1

점심을 먹을 것이다

가 : 점심을 먹었어요?
나 : 아니요. 도서관에 가는 길에 매점에 들러서 먹을 거예요.

가 : ____________________.
나 : ____________________.

① 선물을 보낼 것이다
② 꽃을 살 것이다
③ ?

문법 2

N에 관해(서)/관한

지금부터 남녀평등에 관해서 토론하도록 하겠습니다.
여러분 나라의 전통 음식에 관하여 발표해 보세요.
이번 사건에 관한 이야기를 좀 하고 싶은데 시간이 괜찮으세요?

가 : 무슨 책을 그렇게 재미있게 읽어요?
나 : 남자와 여자의 사고방식에 관한 책인데 아주 재미있어요.

연습해 보세요 2

지난주에 끝난 문화제의 보고서를 작성한다
가 : 스테파니 씨, 지금 뭐 해요?
나 : 지난주에 끝난 문화제에 관해서 보고서를 작성하고 있어요.

가 : ______________________________ ?
나 : ______________________________ .

① 리에 씨와 한국 화장품의 품질을 이야기한다
② 반 친구들과 남녀평등의 실천 방법을 의논한다
③ ?

문법 3

A/V-(으)ㄹ 법하다

그 사건은 영화에 나올 법한사건이었다.

1시간 동안 설명했으면 알 법한데 아직도 모르겠어요.

직접 만들어서 비쌀 법한데 바자회라서 물건이 싸군요!

가 : 직장인이 된 지금도 고등학교때 자주 가던 분식집이 생각나요.

나 : 3년 동안 자주 다녔으면 기억이 날 법도 하지요.

문법 4

N(이)라고는

냉장고에 먹을 것이라고는 사과 몇 개뿐이었다.

남편이 아이와 놀아 주는 시간이라고는 주말 몇 시간뿐이에요.

집에 읽을 책이라고는 만화책 몇 권이 전부였다.

가 : 이삿짐 정리를 다 했어요?

나 : 아직요. 짐이라고는 박스 5개뿐인데 왜 이렇게 오래 걸리는지 모르겠어요.

연습해 보세요 3

마리오 씨는 요리를 배웠지만 재료가 없어서 맛이 없다
가 : 마리오 씨가 요리를 배워서 맛있을 법한데 왜 맛이 없을까요?
나 : 집에 있는 재료라고는 김치뿐이었대요.

가 : ______________________________?
나 : ______________________________.

① 크리스 씨는 노래를 좋아하지만 발표회에서는 노래를 안 불렀다
② 리에 씨는 화장품이 필요했지만 안 샀다
③ ?

문법 5

N에 따르면

기상청**에 따르면** 이번 주부터 장마가 시작된다고 한다.
관계자의 말**에 따르면** 이번 전시회의 수익금은 장학금으로 쓰인다고 한다.
뉴스**에 따르면** 인간의 평균 수명은 머지않아 100세 이상이 될 전망이라고 한다.

가 : 민속촌에 온 김에 민속놀이도 좀 보고 싶은데…….
나 : 저도요. 그런데 안내 방송**에 따르면** 2시에 시작한대요.

문법 6

N롭다

폭식을 하면 건강에 해로우니까 적당히 드세요.

저는 부모님으로부터 지혜로운 사람이 되라는 말씀을 많이 들었어요.

남자들은 슈퍼맨같이 정의로운 영웅이 나오는 영화를 좋아해요.

가 : 지금부터 자유 시간입니다. 3시까지 이 자리로 돌아오시면 됩니다.

나 : 여유롭게 주변을 둘러볼 수 있겠네요. 어디부터 갈까요?

연습해 보세요 4

안내 방송 : 유레일패스는 기차로 유럽의 여러 나라를 다닐 수 있는 승차권입니다.

가 : 안내 방송에서 뭐라고 했어요?

나 : 안내 방송에 따르면 유레일패스로 유럽에서 자유롭게 기차 여행을 할 수 있대요.

가 : ______________________________ ?

나 : ______________________________ .

① 한국어 선생님 : 대학생이 되면 원하는 과목을 마음대로 신청할 수 있습니다.

② 뉴스 : 꽃 박람회에서 향기가 좋고 아름다운 꽃을 볼 수 있습니다.

③ ?

연습해 보세요 5

찬성할 때

…다/라는 의견(주장)에 찬성(동의)합니다.

…에 일리가 있다고 생각합니다.

…데 대해 같은 의견입니다.

자료 인용할 때

…에 따르면 … 다/라고 합니다.

제가 확인한 바에 따르면 …

…에서 알 수 있듯이

반대할 때

…다/라는 의견(주장)에 반대합니다.

…다/라는 의견에 동의할 수 없습니다.

…다/라는 의견은 타당성이 없다고 봅니다.

요약해서 제시할 때

요약해서 말씀드리면 … 다/라는 것입니다.

결론적으로 …다/라고 이야기할 수 있습니다.

간략하게 이야기하면 … 다/라는 것입니다.

〈보기〉

주제 : 집 안에서 애완동물을 키우는 것

찬성 : 가족처럼 소중한 존재이다.
애완동물이 있어서 외롭지 않고 즐겁다.
강아지를 키우는 사람의 경우 우울증에 걸릴 확률이 낮다.

반대 : 귀엽지만 냄새가 나고 지저분하다.
소리가 시끄러워서 주변 사람들에게 불편을 줄 수 있다.
동물의 배설물을 통해 나온 병균 때문에 배탈이 나기도 하고 임산부의 경우 아기에게 장애를 일으킬 수도 있다.

사회자 : 오늘은 집 안에서 애완동물을 키우는 것에 관해서 이야기를 나누어 보겠습니다.

리 에 : 저는 애완동물은 가족처럼 소중한 존재이기 때문에 (집 안에서 키우다) ______________________

크리스 : 저는 반대합니다. 애완동물이 (소중하다) ______________________ 하지만 냄새가 나고 지저분하기 때문에 (집 안에서 키우다) ______________________

리 에 : (설문 조사) ______________________ 강아지를 키우는 사람의 경우 우울증에 걸릴 확률이 (낮다) ______________________

크리스 : 애완동물을 키우면 우울증에 걸릴 확률이 낮아진다고 하지만 동물의 배설물에서 나온 병균이 사람에게 여러 가지 병을 일으킬 수 있습니다. (의학 기사) ________________ 임산부의 경우 아기에게 장애를 일으킬 수도 있다고 합니다.

사회자 : 여러 가지 장점과 단점을 들어 봤는데요. 발표자들께서는 정리해 주십시오.

리 에 : 요약해서 말씀드리면 애완동물은 가족과 같아서 함께 있으면 외롭지 않고 즐겁다는 것입니다. 그러므로 애완동물과 지내는 것이 행복하게 지내는 방법이라고 생각합니다.

크리스 : 결론적으로 저는 애완동물을 키우는 것이 여러 사람에게 주는 피해를 생각할 때 (키우지 않다) ________________________

날개를 달자!!

우울증 depression	배설물 stool
병균 pathogenic bacterium	임산부 pregnant women

연습해 보세요 6

V-는 길에	N에 관해(서)/관한	A/V-(으)ㄹ 법하다
N(이)라고는	N에 따르면	N롭다

스테파니 : 리우팅, 우리 집에 (가다) ________________ 서점에 들러 책을 좀 볼까?

리 우 팅 : 그래. 읽고 싶은 책이 있어?

스테파니 : 응. 요즘 (성공) ________________ 책들이 많이 나왔거든. 나도 성공하려면 어떻게 해야 하는지 알고 싶어서. (책을 소개하는 프로그램) ________________ 올해만 해도 성공에 관한 책이 10권이나 나왔다고 하더라고.

리 우 팅 : 오! 그런 프로그램도 봐? 내가 보는 (프로그램) ________________ 예능 프로그램밖에 없는데…. 역시 스테파니는 모범생이라고 (불리다) ________________

스테파니 : 만약 내가 성공하게 되면 일 년에 한 번씩은 넓은 바다가 있는 곳으로 여행을 갈 거야. 그곳에서 (여유) ________________ 책을 읽으며 쉬면 스트레스도 받지 않고 아주 행복할 거 같아.

본문

- 여러분은 남자 친구 또는 여자 친구와 다툰 경험이 있습니까?

리　에 : 여보세요. 마리오, 뭐 해? 지금 바빠?
마리오 : 왜? 무슨 일 있어?
리　에 : 아니, 그냥.
마리오 : 왜 그러는데?
리　에 : 아니야. 그냥 전화했어.
마리오 : 나 지금 게임하는 중이었어. 10분 뒤에 전화할게. 끊어.
리　에 : …….

(5시간 뒤)

마리오 : 리에야, 왜 이렇게 전화를 안 받아. 오늘 시험은 잘 봤어?
리　에 : 그냥 그랬어. 나 피곤해.
마리오 : 왜 그래? 기분이 안 좋아?
리　에 : (짜증을 내며) 피곤해서 그래. 하던 게임이나 계속 해.
마리오 : 내가 늦게 전화해서 그래? 정말 미안해. 친구들이랑 게임하다가 시계를 못 봤어. 기숙사 가는 길에 들를게. 잠깐만 기다려 봐. 응?
리　에 : 필요 없어. 끊어.

남자의 생각 : 시험이 끝나서 기분이 좋을 법도 한데 도대체 왜 그러지? 왜 기분이 나쁜지 말해 주면 안 되나?
여자의 생각 : 시험도 끝났는데 시험에 관해 자세히 묻지도 않고 나랑 같이 놀 생각이라고는 조금도 안 하지? 친구들하고 게임은 하면서…….

1. 마리오와 리에는 오늘 무엇을 했습니까?

2. 리에가 기분이 안 좋았던 이유는 무엇입니까?

3. 통화를 마친 마리오는 어떤 행동을 했을까요?

4. 남자와 여자는 생각이 같다고 생각합니까? 다르다고 생각합니까?

듣기

1. 맞으면 O, 틀리면 X 하세요.

① 이 사람은 남자답게 생겼다. ( )

② 이 사람은 대학에서 메이크업을 전공했다. ( )

③ 이 사람은 메이크업 행사를 보고 관심을 가지게 됐다. ( )

2. 대만에서 있었던 일이 아닌 것을 고르세요.

① 한국 대표로 참석했다.

② 흉터가 있는 여성에게 메이크업을 해 주었다.

③ 공연 관계자는 진한 색 사용을 자제하라고 했다.

④ 대만에서의 공연으로 사람들의 주목을 받았다.

3. 김단국 씨가 말하는 '고객 1명을 만족시키는 아티스트가 되자.'는 어떤 의미입니까?

4. 성별에 따라 어울리는 직업이 있다고 생각합니까? 이유는 무엇입니까?

날개를 달자!!

메이크업 아티스트 make-up artist	흉터 scar
가리다 hide	자제하다 control oneself

이야기해 보세요

1. 두 사람의 대화를 읽어 보세요. 여러분의 생각은 어떻습니까?

리우팅 : 애니 씨, 휴지가 있으면 좀 빌려 주세요.

애　니 : 휴지요? 지금 없는데…….

리우팅 : 여자가 휴지도 안 가지고 다니고. 애니 씨, 여자 맞아요?

애　니 : 여자랑 휴지랑 무슨 관계가 있지요?

리우팅 : ?!

2. 남성과 여성의 역할은 변하고 있습니다. 과거와 현재의 성별에 따른 역할에 대해 이야기해 보세요.

	남성	여성
과거		
현재		

3. 미래에는 남성이 하는 일과 여성이 하는 일이 어떻게 변하게 될까요?

읽기

2008년 4월 8일 오후 8시 16분. 카자흐스탄 우주선 발사 기지에서 우주를 향해 소유즈호가 발사되었다. 어린 시절부터 꿈꾸어 왔던 우주인의 꿈이 드디어 이루어지는 순간이었다. '앞으로 열흘 남짓한 시간을 잘 이겨낼 수 있을까?'하는 생각에 가슴이 두근거렸다.

나는 운동과 노래 부르기를 좋아하며 SF 영화에 나오는 박사를 꿈꾸는 평범한 대학원생이었다. 2006년 봄, 한국 우주인 선발 소식을 들었다. 간단한 서류 심사와 체력 테스트 정도는 통과할 법했다. 아직 지원서를 내지도 않았는데 내 가슴은 설레기 시작했다. 꿈을 이룰 수 있는 기회를 꼭 잡고 싶었다.

지원서를 내고 집으로 돌아가는 길에 라디오 뉴스를 들었는데 지원자는 모두 3만 6천여 명이라고 했다. 1, 2차 선발은 어렵지 않게 통과했다. 3차 선발에서 10명만을 남긴 후 4차 선발에서 2명을 선발하여 교육을 받는다고 했다.

3차 선발 과정인 우주인 적성검사가 시작되었다. 낯선 경험이지만 기대가 되었다. 꿈이 이루어질 것이라는 확신이 생기기 시작했다. 10명이 8명으로, 6명으로 좁혀지면서 선발 과정은 서서히 끝을 향해 가고 있었다. 2006년 12월 25일 우주인이 되는 것에 관한 대국민 스피치가 마지막 관문이었다. 최종 2인의 선발은 국민들의 투표에 따라 결정되었다. 그날의 떨림을 지금도 잊을 수 없다. 나는 결국 최종 2인에 선발되었다. 고된 훈련이 계속되었고 포기하고 싶은 순간도 많았지만 나에게 행운이 찾아왔다. 동료에게는 미안한 일이었지만 내가 최종 탑승 우주인으로 선발된 것이다.

지난 몇 년간의 시간이 ______㉠______. 오후 11시 50분에 나는 우주에서 한국과 통화하는 최초의 한국인이 되었고 전 세계에서는 475번째로 여성으로는 49번째 우주인이 되었다.

1. 이 사람에 대한 설명이 아닌 것을 고르세요.

① 한국인 최초의 우주인이다.

② 여러 번의 선발 시험을 통과했다.

③ 이 사람은 SF 영화의 주인공이다.

④ 어린 시절부터 우주인이 되고 싶었다.

2. ㉠에 들어갈 알맞은 표현을 고르세요.

① 뜸을 들인다 ② 눈코 뜰 새 없다

③ 쥐도 새도 모른다 ④ 주마등처럼 스쳐 간다

3. 이 사람이 도전에 성공한 이유는 무엇이라고 생각합니까?

날개를 달자!!

카자흐스탄 Kazakhstan
소유즈호 Soyuz
우주인 astronaut
두근거리다 palpitate
대학원생 graduate student
지원서 application
관문 gateway
행운 good fortune
우주선 발사 기지 cosmodrome
발사되다 go off
남짓하다 be slightly
SF 영화 science fiction films
테스트 test
확신 conviction
최종 the last

쓰기

- 성 역할에 관한 남녀의 사고방식 때문에 남녀 차별이 생기기도 합니다. 여러분은 어떻게 생각하십니까?

1. 다음 글을 읽고 이 남자의 고민에 대해 이야기해 보세요.

나는 3개월 전에 회사에 입사한 신입 사원이다. 새로 들어왔다고 여기저기 불려 다니며 정신없이 바쁘게 지내고 있다. 그런데 요즘 나는 내가 차라리 여자였으면 좋겠다는 생각이 든다.

몇 년 전에 누나가 처음 회사에 취직했을 때 "내가 커피나 타려고 회사에 들어갔나!"하며 남녀 차별이 심하다는 이야기를 한 적이 있었다. 그때까지만 해도 나에게 차별에 관한 이야기는 다른 사람의 이야기일 뿐이었다. 하지만 내가 회사에 취직하고 보니 남자라고 대우를 받는 것도 아니었다. 여자들은 커피나 타고 심부름이나 한다고 하지만 남자도 별로 다르지는 않았다. 내가 하는 일이라고는 A4 용지 박스를 옮기고 생수통을 바꾸는 일이었다. 회식 때는 부장님도 피곤하실 법한데 여직원들을 보내고 남자끼리 한잔 더 하러 가자고 하셔서 집에 빨리 들어갈 수도 없다. 과연 내가 여직원보다 나은 것이 무엇일까?

2. 남성과 여성은 평등하다고 생각합니까?

친구 이름	평등하다	불평등하다	이유

3. 남성과 여성에 대한 차별 문제를 예로 들고 차별을 해결할 수 있는 방법을 써 보세요.

날개를 달자!!

신입 사원 new recruit
A4 용지 A4 paper
끼리 group of people

듣기 대본

01

크 리 스 : 벌써 여름이에요. 스테파니 씨는 방학에 뭘 할 거예요?

스테파니 : 친구들이 모두 바빠서인지 같이 여행을 가자는 친구도 없어요. 올해는 그냥 집에서 영화나 보면서 쉬려고요.

크 리 스 : 방학이 한 달이나 되는데 집에만 있지 말고 한강 공원 홈페이지에 들어가 보세요.

스테파니 : 한강 공원 홈페이지요?

크 리 스 : 네. 신문을 읽다가 보니까 한강 공원에서 시민들을 위한 여름 행사를 한다는 내용이 있었어요.

스테파니 : 그래요? 어떤 행사가 있는데요?

크 리 스 : 영화 상영, 스포츠, 캠핑 등 여러 가지 행사가 있었어요. 캠핑은 주말에만 할 수 있었는데 7월부터는 평일에도 할 수 있대요. 그리고 7월에는 영화 상영을 하고 8월에는 비보이 공연을 한대요.

스테파니 : 텐트나 침낭 등 캠핑할 때 필요한 물건이 없는데 어떡하지요?

크 리 스 : 괜찮아요. 캠핑장에서 필요한 물건들을 하루 2만 원 정도로 빌릴 수 있대요. 보통은 하루에 5만 원 정도인데 행사 중이라 평소보다 아주 싸게 이용할 수 있는 셈이에요. 참, 스테파니 씨, 운동도 좋아해요?

스테파니 : 공을 가지고 하는 운동만 아니면 다 좋아해요.

크 리 스 : 잘 됐네요. 윈드서핑뿐만 아니라 수상스키, 제트스키같이 평소에는 한강에서 즐길 수 없었던 수상 스포츠 행사도 있거든요.

스테파니 : 정말요? 행사가 언제부터 시작인데요?

크 리 스 : 행사 기간은 7월 5일부터인데 자세한 내용은 홈페이지를 찾아 보세요. 홈페이지 주소는…….

02

M C : 안녕하십니까?「주말의 문화산책」 시간입니다. 오늘은 축제 소식을 전해 드리겠습니다. 김단국 기자!

김단국 : 네. 김단국입니다. 이번 주말에 즐길 수 있는 여러 가지 축제 소식을 전해 드리

겠습니다. 요즘 재즈를 좋아하는 분들 정말 많으시지요? 세계적인 음악가들의 연주를 들을 수 있는 국제 재즈 페스티벌이 경기도 가평의 자라섬에서 금, 토, 일. 3일간 펼쳐집니다. 어두운 곳에서 조용히 감상하는 음악회가 아니고 아름다운 자연 속에서 남녀노소를 막론하고 편하게 즐길 수 있는 새로운 음악 축제입니다. 정해진 관람석이 없기 때문에 가까이에서 공연을 보고 싶으신 분들은 서두르셔야 할 듯합니다.

M C : 그렇군요. 서울에서 즐길 수 있는 축제 소식도 준비하셨다면서요?

김단국 : 네. 이번 주말 여의도로 가족 나들이를 하시는 것도 좋을 듯합니다. 해마다 가을이면 어김없이 찾아오는 세계 불꽃 축제가 이번 주말 여의도 한강 공원에서 열립니다. 올해로 10회를 맞은 이 축제는 토요일, 일요일 이틀에 걸쳐 여의도의 하늘을 불꽃으로 수놓을 예정입니다.

M C : 기대가 됩니다. 하지만 축제 당일 여의도 주변이 복잡하겠군요.

김단국 : 그렇습니다. 이번 주말 저녁에는 여의도 주변 도로와 한강대교의 일부가 통제됩니다.

M C : 수많은 사람들이 모이는 가운데 진행되는 축제니까 안전에 유의하셔야겠습니다. 오늘 준비한 소식은 여기까지입니다. 감사합니다.

03

M C : 쓰레기 때문에 고민이 많은 요즘 주민들의 노력으로 강을 살린 곳이 있다고 합니다. 김단국 기자, 지금 달래강에 나가 계시지요?

김단국 : 네. 저는 지금 충청도 달래강에 나와 있습니다. 이곳은 5년 전까지만 해도 버려진 쓰레기 때문에 생명이 살지 못하는 강이었습니다. 이 곳 주민들의 이야기를 들어보시지요.

주민 1 : 내가 어릴 때는 아주 좋았지. 공기도 맑고 살기도 좋고. 그런데 좋다는 소문이 나니까 도시 사람들이 자기 고향이나 되는 것처럼 놀러 왔다가 쓰레기를 그냥 버리고 가는 거야. 우리가 아무리 잘 치우고 가라고 말을 해도 그냥 가기 일쑤이고. 그렇게 강이 더러워지니까 강에 살던 물고기가 죽고 동물도 다 떠났어. 사람들마저 찾지 않는 그런 강이 됐지.

김단국 : 주민들은 썩어 버린 달래강을 살리기 위해 달래강 구조대 활동을 시작했습니다.

주민 2 : 처음에는 정말 힘들었지요. 하지만 우리에게 있어서 이 강만큼 중요한 게 어디 있겠어요? 농사도 짓고 먹고 마시고 이 물로 다 하는 건데. 달래강을 살리기 위해 처음에는 더러워진 물을 깨끗하게 만들려고 얼마나 고생을 했는지 몰라요. 약을 뿌리고 돌아가면서 강 주변을 청소했을 뿐만 아니라 분리수거도 했어요. 그 후 3년쯤 지나니까 강이 조금씩 살아나면서 떠났던 동물들이 돌아오기 시작했어요. 이제는 마을 주민 모두가 나서서 구조대 활동을 하고 있어요. 저도 일을 마친 후에 집에 들어가려다가 말고 강가에 한 번씩 들러서 쓰레기가 없는지 확인하곤 해요.

김단국 : 달래강 구조대가 활동한 지 5년, 사람들의 관심 속에 달래강은 다시 과거의 모습을 되찾고 있습니다. 달래강에서 김단국 기자였습니다.

04

M　C : 1년 내내 화려하고 아름다운 여성들의 옷차림에 적신호가 켜졌습니다. 오늘은 계절에 맞는 옷차림에 대해 김단국 기자가 취재했습니다.

김단국 : 저는 지금 명동에 나와 있습니다. 현재 기온은 영하 10℃지만 짧은 치마와 부츠 차림의 여성들을 쉽게 볼 수 있습니다.

여 자 1 : 좀 추워도 괜찮아요. 건물 안에 들어가면 따뜻하잖아요.

여 자 2 : 외투도 두꺼운데 길게 입으면 답답하고 안 예쁘니까…….

김단국 : 20대 여성을 대상으로 겨울철 옷차림에 대해 설문조사를 했습니다. 이 조사에 의하면 여성들은 한겨울 추운 날씨에도 짧은 치마다 스키니 진이다 몸매를 드러내는 옷차림을 선호하는 것으로 나타났습니다. 이에 따라 겨울에도 날씬해 보이고 싶은 여성들의 심리를 겨냥한 많은 제품들이 매장에 전시되어 있습니다. 하지만 건강에는 아무 문제가 없을까요?

의　사 : 옷을 너무 얇게 입거나 꽉 조이는 옷을 입으면 혈액 순환이 제대로 될 리가 없습니다. 밖에서 활동을 하다가 실내에 들어갔는데 허벅지나 손이 가려운 경험을 해 보셨을 것입니다. 이 증상은 동상에 걸려서 나타나는 것으로 혈액 순환이 제대로 되지 않아서 생기는 것입니다.

김단국 : 전문가들은 하이힐이나 부츠같이 높은 구두 역시 발 건강에 나쁠 뿐만 아니라 자세가 나빠지면서 무릎과 허리에 통증이 생길 수 있다고 경고하기도 했습니다. 명동에서 김단국 기자였습니다.

M　C : 듣고 보니 옷차림과 건강이 생각보다 훨씬 밀접한 관계가 있는 듯합니다. 여성 여러분, 건강을 잃으면 모든 것을 잃는다는 말을 기억해야겠습니다.

05

애니 : 미래에는 어떤 형태의 집이 생길까요?

토린 : 글쎄요. 지금과 비슷하지 않을까요?

애니 : 미래에는 산업화 때문에 공기가 좋으려야 좋을 수가 없을 테니까 실내 공기청정기가 발전할 것 같아요.

토린 : 그럴 수도 있겠네요. 저는 집과 집을 연결해 주는 지하도가 생겼으면 해요. 즉, 지하에 길이 생기는 것이지요. 그러면 사람들이 밖으로 나가지 않고 지하로 다닐 수 있으니까 겨울에도 안 춥고 여름에도 안 덥고요.

애니 : 지금도 아파트 지하 주차장이 그렇게 만들어진 걸 보면 10년쯤 뒤에는 충분히 그렇게 되고도 남을 거예요.

토린 : 그리고 또 미래에는 가상현실이나 증강 현실 기술이 발전할 거래요.

애니 : 증강 현실이 뭐예요?

토린 : 증강 현실이란 현실 세계에 3차원 영상을 겹쳐 보여 주는 기술이에요. 미래에는

직접 만나지 않아도 실제로 만나는 것과 같은 경험을 할 수 있을 거래요.

애니 : 각자의 집에서 만나면 편하기는 해도 내가 있는 공간이 항상 다른 사람에게 보이니까 청소를 수시로 하는 게 더 힘들 거예요. 뿐만 아니라 사생활도 없어질 거예요. 그럼 너무 피곤하겠지요?

토린 : 집에 대해서 이야기한다는 것이 애니 씨한테 제 속마음을 들켜 버렸네요. 어쨌든 미래에는 지금보다 훨씬 편리하고 깨끗한 생활을 할 수 있다는 것은 분명하겠지요?

06

사회자 : 시대마다 인기가 있는 직업은 달라져 왔습니다. 경제가 발전하고 안정적인 시기에는 도전할 수 있는 다양한 직업이 생기고, 경제가 안 좋은 시기가 계속되면 안정적인 수입이 보장되는 공무원이나 선생님 같은 직업이 인기가 있다고 합니다. 10년 뒤에는 어떤 직업이 생기고 또 어떤 직업이 인기가 있을까요? 오늘은 10년 뒤 가장 인기가 있을 직업에 대해 토론해 보도록 하겠습니다.

마리오 : 과거에 석유 에너지에 대한 사람들의 관심이 많았듯이 미래에는 전기 에너지에 대한 관심이 많아지고 그것을 사용하고 개발하는 직업이 인기가 있을 것이라고 예상됩니다.

애 니 : 그리고 세계적으로 사고 소식이 끊이지 않던데 재난을 미리 예방하는 직업이 생기지 않을까요?

사회자 : 그럴 수도 있겠네요. 미래에는 새로운 에너지를 연구하거나 환경의 변화를 예상하는 연구원, 재난에 대비해서 도시를 설계하는 기술자가 많아질 전망이에요. 앞으로 달라질 세상을 미리 준비하는 것이지요. 하지만 변화를 준비하는 것 못지않게 현재의 문제점을 개선하는 것도 중요하겠지요?

토 린 : 말씀을 듣고 나니까 생각이 났는데요. 미래에는 고령화 사회가 될 테니까 이를 해결하기 위해 노인을 위한 직업이나 노인이 할 수 있는 직업도 생기지 않을까요?

사회자 : 좋습니다. 지금의 실버 세대가 가지고 있는 지혜와 새로운 기술에 의해서 미래가 달라질 수도 있겠네요. 예를 들면 어떤 직업이 있을까요?

토 린 : 로봇들이 관리하는 노인 전용 병원이나 식당이 생길 것 같아요. 그리고 경험이 많은 어른들에게 전문적인 조언을 받을 수 있는 직업도 늘어나지 않을까요?

사회자 : 좋은 의견이군요. 이 밖에도 10년 후에는 사람이나 회사를 경영하는 방법을 제안하고 도움을 주는 직업이 전망이 밝을 거라고 합니다. 오늘 내용에 이어서 다음 시간에는…….

07

M C : 오늘은 '우리 집 거실을 공장으로'라는 재미있는 목표를 이루고자 노력하시는 스테파니 씨를 모시고 이야기를 나누어 보겠습니다. 안녕하십니까?

스테파니 : 안녕하십니까? 스테파니입니다.

M C : 구체적으로 어떤 일을 하십니까?

스테파니 : 저는 창업자들의 아이디어를 제품으로 만들어 내는 데 도움이 되는 교육을 진행하고, 경제적 지원을 통해 그들이 자립할 수 있도록 돕고 있습니다.

M C : 제품을 만드는 일이라면 제조업을 말씀하시는 겁니까?

스테파니 : 네. 맞습니다. 과거에는 대기업에서 운영하는 공장에서 대량으로 제품을 만들었기 때문에 개인이 할 수 없는 일이었던 것에 반해 지금은 3D 스캐너와 3D 프린터를 사용해서 누구나 자신이 원하는 재료로 원하는 크기의 물건을 쉽게 만들 수 있게 되었습니다.

M C : 자신이 필요한 물건을 직접 만들 수 있다고요? 그러면 제 모습도 만들 수 있나요?

스테파니 : 3D 스캐너와 3D 프린터는 어떤 물건이든지 못 만드는 법이 없습니다. 먼저 만들고자 하는 물건의 모습을 3D 스캐너를 이용해서 컴퓨터에 입력합니다. 그 후에 3D 프린터에 원하는 재료를 넣고 크기를 설정하면 원하는 크기의 물체를 만들 수 있습니다. 최근에는 푸드 프린터까지 등장해서 과자나 초콜릿 등도 집에서 직접 만들어 먹을 수 있게 되었습니다.

M C : 기대가 됩니다. 내가 머릿속으로 상상만 하던 물건이 실제로 내 앞에 나타난다면 얼마나 좋을까요?

스테파니 : 맞습니다. 정보 기술과 제조업이 만난다면 세상은 완전히 달라질 겁니다.

M C : 오랜 노력 끝에 새로운 제조업의 길을 찾아낸 스테파니 씨에게 응원의 박수를 보냅니다.

스테파니 : 감사합니다.

08

M C : 여러분 '메이크업 아티스트'하면 어떤 모습이 떠오르십니까? 아름답고 멋지며 예술적 감각이 뛰어난 여성을 떠올리는 분이 많으실 텐데요. 오늘은 메이크업에 관한 특별한 이야기를 들려주실 남성분을 모셨습니다. 메이크업 아티스트 김단국 씨를 소개합니다.

김단국 : 안녕하십니까? 김단국입니다.

M C : 저는 좀 예쁜 외모를 가진 남성분일 줄 알았습니다. 이런 목소리와 외모라면 남자다운 직업을 생각했을 법한데요. 언제 처음 메이크업에 관심을 가지게 되셨습니까?

김단국 : 사실 저는 대학을 졸업할 때까지만 해도 여자 화장품이라고는 구경도 못 해 봤습니다. 그러던 어느 날 퇴근하는 길에 메이크업 행사를 보게 됐습니다. 얼굴에 흉터가 있는 여성이었는데 메이크업 후에 그 흉터가 가려지고 여성분이 기뻐하는 것을 보면서 관심을 가지게 됐습니다. 사람들에게 자신감을 주는 일이라는 점이 가장 저를 흥분시켰거든요.

M C : 대만에서 있었던 일화가 유명하던데요.

김단국 : 네. 대만에서 했던 공연 덕분에 메이크업 아티스트의 길이 열린 셈이지요. 메이크업 공연에 한국 대표로 출전하여 대만에 갔을 때였습니다. 회사 관계자의 말에 따르면 대만 사람들은 진한 색을 좋아하지 않는다고 했습니다. 하지만 저는 진한 색으로 꼭 성공해 보이겠다는 결심을 했어요. 어떻게 하면 좋을까 고민하다가 모델에게 빨강을 포인트로 하는 메이크업을 했습니다.

M C : 사람들의 반응이 어땠는지 궁금한데요.

김단국 : 공연은 성공이었습니다. 이 공연이 성공하면서 사람들에게 주목을 받기 시작했으니까요.

M C : 메이크업을 하실 때 어떤 마음으로 일하십니까?

김단국 : 저의 목표는 '고객 1명을 만족시키는 아티스트'입니다. 제가 만나는 모든 분의 취향이 다르기 때문에 한 분 한 분을 만족시키기 위한 노력을 하겠다는 마음으로 최선을 다하고 있습니다.

찾아 보기

ㄱ

ㄴ

ㄷ

ㄹ

ㅁ

ㅂ

ㅅ

ㅇ

ㅈ

ㅊ

ㅋ

ㅌ

ㅍ

ㅎ

기타

지은이 소개*

| 감 수 |

한 정 한

단국대학교 국어국문학과 부교수, 뉴욕주립대학(버팔로) 언어학 박사
〈저서〉 쉽게 읽는 한국어학의 이해, 국어사전학 개론 외 다수

| 필 자 |

유 소 영

단국대학교 국제교육센터(DUGEC) 초빙교수, 단국대학교 한국어교육 박사
〈저서〉 안녕하세요 한국어 1, 2, 3권(4개국어판), 한국어로 말해요(11개국어판) 외 다수

이 연 주

DUGEC 강사, 단국대학교 한국어교육 박사

서 민 정

DUGEC 강사, 단국대학교 한국어교육 박사과정

유 선 주

DUGEC 강사, 단국대학교 한국어교육 박사과정 수료

고 유 리

DUGEC 강사, 단국대학교 한국어교육 박사과정

memo*